教　　未来へ

ョン―

東京大学名誉教授
佐藤 学

小学館

教室と学校の未来へ

―学びのイノベーション―

小学館

第一部
新型コロナ・パンデミック下の学びのイノベーション

第二部
学びのイノベーションの理論と提言

装丁・本文デザイン・DTP／見留 裕
校正／目原小百合　編集／小笠原喜一
カバーイラスト／岡部哲郎

第一部

新型コロナ・パンデミック下の学びのイノベーション

ポストコロナ時代の学校のイノベーション

時代の中の教育

日本の教育、学校、授業、学びにとって喫緊の課題はイノベーションである。日本の教育はイノベーションにおいて、世界各国と比べて25年の後れをとることになった。1989年の冷戦構造の崩壊後、グローバリゼーションが一挙に進行し、どの国においても政治、経済、産業、教育のイノベーションが急速に進展した。しかし、33年前の日本は世界一経済が成功していた国であり、バブル経済の真っただ中で、危機認識がまったくなく、あらゆる分野のイノベーションが実施されないまま放置されてきた。その結果30年以上にわたって、日本の経済、産業、社会、教育は凋落の一途をたどり、経済成長率では世界最低レベル（コロナ直前で世界170位）、教育改革も最も遅れた国の一つになっている。

ベルリンの壁の崩壊以降、世界の学校と教室は歴史的転換を遂げ、ほとんどの国において150年前に成立した教師中心の一斉授業の教室は姿を消し、学習者を中心とする探究と協同の学びの教室へと変化した。

しかし、日本の学校と教室のイノベーションは、諸外国と比べて25年ほど後れをとってきた。授業と学びのイノベーションが後れをとっただけではない。33年前には世界トップ30社のうち21社が日本企業であったが、現在、日本企業はトップ50社のうちトヨタ1社が49位にあるのみである。この30余年、世界各国のGDPは平均4・0倍に成長したが、日本のGDPはわずか1・6倍しかならず、各国の実質賃金は1・5倍から10倍に上昇したが、日本の労働者の実質賃金は年々低下し続けている。歯止めがかからない円安は日本経済の凋落の証しである。すべて政治、経済、産業、教育のイノベーションを怠った結果である。そこに新型コロナ・パンデミックが襲った。しかも、各国はすでにパンデミックから脱しているのに、日本では感染は収束しておらず、今なおパンデミックから脱することができない見通しである。

教育においてもイノベーションの怠りによる凋落は著しい。日本の公教育費は対GDP比で世界138位に転落している（2020年）。日本の大学進学率は、短大を含めても世界44位（2020年）まで落ち、大学院進学率はOECD38か国中29位である。最も深刻なのは教師の教育水準である。世界の教師の約3分の1が修士号を取得するか、大学院レベルの教育を受けているが、日本の教師の修士取得率は小学校で5%、中学校で9%、高校でも20%以下で、世界最低である。

学校教育におけるイノベーションの遅れは、教室の机配置を見れば一目瞭然である。机が黒板に向かって一列に前向きに並んだ19世紀型の教室が、今も残存しているのは日本とアフリカ南部と北朝鮮と中国と東南アジアの農村部ぐらいだろう。世界の教室は、20年以上前から、21世紀型の教室配置（小1、2はコの字、それ以外は4人グループ）で、学習者中心の探究と協同の学びを実現している。

新型コロナの最大の犠牲者は子どもたち

新型コロナによる学びの損失（learning loss）は深刻である。パンデミックによって、本来達成すべき学びの質量と比べて、途上国と中位国において30%、先進国でも17%から20%の学びの損失が生じた（ユネスコ、ユニセフ、世界銀行）。日本の場合、学校閉鎖の期間は先進国の平均レベルであったが、学校の閉鎖期間にオンライン授業が行われなかったこと（小中学校の5%のみ実施）、開校後の学びの規制がどの国より厳しかったことにより、学びの損失は大きかったと想定される。さらに日本では、感染対策で一斉授業に戻したことによる損失も大きい。

それらに加えてＩＣＴ教育による学びの損失も考慮しなければならない。どの国でも学校閉鎖期間にＩＣＴ教育が積極的に活用されたが、開校するとコンピュータやタブレットは学校から姿を消した。しかし日本では、学校閉鎖の間はＩＣＴ教育が使われず、開校されてから過剰に使われるという奇妙な現象が起こった。通常の授業におけるコンピュータの活用には注意しなければならない。ＰＩＳＡ調査委員会が２０１５年の調査報告書で示したように、学校でのコンピュータ使用時間が長ければ長いほど、学力は低下する。さらにマッキンゼーが２０２０年に行った調査報告では、コンピュータは一人一台端末で使用したとき、最もダメージが大きく、教師と生徒が共に使った場合もダメージがあり、教師が一人で使用したときにのみ効果が認められるという。コンピュータは深い思考や探究には適しておらず、学びを個人化するため、学力の低下を招くのである。日本の場合、学びの規制に加え、コンピュータの過剰な活用による学びの損失も大きいことが推定される。

他方、新型コロナ下において、第４次産業革命は加速度的に進行した。世界経済フォーラムの報告によれば、２０２５年までに世界の労働の52％が人工知能とロボットに置き換わるという。現在12歳の子どもが将来就く仕事の65%は、今存在しない仕事、すなわち現在の労働よりも知的に高度な仕事になる。すべての子どもに知的に高度な探究と協同の学びを実現し、生涯にわたって学び続ける基礎を提供しなければならない。

さらに新型コロナのインパクトとして、子どもたちの経済格差の拡大についても認識しておく必要がある。新型コロナ以前から日本の子どもたちの経済格差はＯＥＣＤ加盟41か国中ワースト8位であった。経済格差は、パンデミックによって、いっそう拡大した。特にシングルマザーの半数以上は貧困層であり、新型コロナ下で3分の1以上が失業を経験し、3分の1が一日に一食もとれない日々を経験している。

学校と教室のイノベーションへ

日本の政治、経済、産業、教育の凋落が深刻化する時代において、子どもたちの現在から将来にわたる幸福をどう実現すればいいのだろうか。すべてが閉塞した時代状況において、教育の希望を見出すのは容易なことではない。ユニセフの研究所の報告（２０２２年）によれば、日本の子どもの精神的幸福度は調査対象国38か国でワースト2位である。どんなに困難であろうとも、子どもたちの幸福を実現する教育のイノベーションは急務である。

学びのイノベーションを追求する教師たち。

教室と学校の未来を拓く指標として、以下の諸点を喫緊の課題として提示したい。

第一に学びの損失を回復し学びのイノベーションを遂行するために、19世紀型の教室からいち早く脱し、21世紀型の教室への転換をただちに実施しなければならない。黒板に向かって一列に机が配置された教室で、21世紀型の探究と協同の学びを実現することは不可能である。新型コロナの学びの規制によって、もともと諸外国と比べて25年遅れだった日本の授業と学びのイノベーションは、さらなる遅れを生み出している。このまま放置すれば、子どもたちの多くが将来仕事に就けない状況が生み出されるだろう。

第二に、教師の仕事の再定義を行う必要

がある。19世紀、20世紀の教師は「教える専門家」だったが、21世紀の教師は「学びの専門家」である。30年前までの教師は、教材研究を行い、発問と板書を計画し、指導案を作成して授業を行っていたが、現代の教師は、学びの課題をデザインし、探究と協同をコーディネートし、学びを観察して判断するリフレクションを仕事の中心としている。学びのデザインとコーディネーションとリフレクションが現在の教師の仕事である。この「教える専門家」から「学びの専門家」への転換を行わない限り、教師たちが学びのイノベーションを遂行することは不可能である。

第三に、学校の組織と経営のイノベーションを達成する必要がある。かつての学校は官僚機構の末端であり、工場システムの経営（分業による運営）が行われていた。しかし、21世紀の学校は専門家共同体として自律性を確立し、専門家の学習共同体（professional learning community）を標榜している。日本の学校はこの要請に逆行していると言えるだろう。50年前と比べて、教師の個人研修の時間は3分の1、校内研修の時間は5分の1に激減し、教師たちは雑多な会議と雑務の集積によって長時間の労働に追い込まれている。学校の組織と経営のイノベーションによって会議と雑務を廃止もしくは減少し、学校経営の中心に校内研修をおいて、学びのイノベーションと教師の学びを推進する専門家共同体としての学校へと転換する必要がある。

第四は、市町村教育委員会の自律性の構築と改革ヴィジョンの作成である。21世紀の学校は、地域共同体の教育と文化のセンターとして再生されなければならない。地方分権の時代である。市町村教育委員会は、それぞれの地域共同体の教育と文化の未来を構想する自律的なヴィジョンと政策を創発すべきである。

市町村教育委員会が都道府県や文部科学省の末端組織として業務を行う限り、日本社会や経済の凋落に呑み込まれ、学校の未来も地域社会の未来も拓かれることはないだろう。市町村教育委員会と学校と市民とが協同で、子どもたちの幸福を実現する学びのイノベーションを実現し、地域社会の未来を拓く創意的なヴィジョンを掲げて、市町村独自の教育改革を推進しなければならない。

この創意的な挑戦がない限り、学校の未来も地域社会の未来も子どもたちの未来の幸福も実現することはないだろう。すべてはイノベーションの実現にかかっているのである。

未来社会の展望と学びのリ・イノベーション

教育と社会の未来をどう描くか

小学1年生の子どもたちが成人として社会に参加するのは約20年先である。現在が2023年だから、2040年前後になる。その時期の社会はどのような社会になっているのだろうか。いつからか、教育関連の文献では、将来については「先行き不透明」とか「予測がつかない未来」が常套句になっている。しかし、将来は「予測がつかない未来」であり「先行き不透明」なのだろうか。

将来はまったく「先行き不透明」であるわけではなく、まったく「予測がつかない」わけでもない。少なくとも①新型コロナ・パンデミック、②第4次産業革命、③SDGsの三つの要因によって今後の社会と教育が推移することは確実である。

教育の未来を決定づけている第一の要因は、新型コロナ・パンデミックである。このパンデミックに対して日本を含む世界各国でワクチン接種が実施されたが、たとえワクチン接種が最大限の効果を発揮したとしても、新型コロナの収束には3年から5年を費やすことになるだろう。グローバル化された現代においては、世界中の国々で集団免疫を獲得する状況が出現しないと、パンデミックの危機から逃れることはできない。

さらに新型コロナ・パンデミックは、この20年間頻発しているウィルスによる他のパンデミックと同様、根本的には自然破壊（森林破壊）によるものであり、自然破壊を根本的に解決しない限り、第二、第三の「新型コロナ」のパンデミックが発生する危険が待ち受けている。

新型コロナによる経済破壊はより深刻である。２０２０年10月の自殺者数は前年の４割増になり、２０２０年の新型コロナによる死者数の4倍に達している。特に小中高校生および若い世代の自殺率の急増が著しい。この最大の原因は経済の破壊にあると言ってよいだろう。

これまでの大恐慌（１９２９年）とリーマン・ショック（２００８年）は、金融企業と株式市場の破綻によって実体経済がダメージを受けた経済不況であったが、今回は投資資本主義によって金融企業と株式市場は最高値を維持し、実体経済が破滅的なダメージを受けている。このことは富裕層がいっそう資産を獲得し、貧困層がますます貧困に追いやられていることを意味している。今回の恐慌は新しいタイプの恐慌であり、今後、破滅した実体経済が逆に金融企業と株式市場にダメージを与える状況が到来するだろう。

日本の経済危機は世界の中で最も深刻である。新型コロナの前の２０１９年段階で、日本のＧＤＰ成長率は世界１９６か国中１７０位まで転落しており、「停滞の30年」による凋落は著しい。したがって、新型コロナによる経済損失の恢復はどの国よりも困難で、他の国々が2年ないし3年で新型コロナ以前の ＧＤＰに回復するのに対して、日本は5年以上を要すると予想されている。５年後にもとに戻ったとしても世界最低レベルであり、日本経済の暗闇は底知れない状況にある。

新型コロナは世界の経済地図も塗り替えている。中国は、10年以内にアメリカを抜いて世界第一の経済大国になる。さらに10年以内にインドがアメリカを抜くことも確実視されている。20年後の経済は中国とインドを中心に展開するのである。このグローバル経済の見通しに立って、今後の経済と外交の政策が立案されなければならないし、教育改革もこの国際的視野に立って推進する必要があるだろう。

第４次産業革命

新型コロナによって第４次産業革命が加速している。「第４次産業革命」は、２０１６年世界経済フォーラム（ダボス会議）で示されたＡＩ（人工知能）とロボット、ＩｏＴ（モノとモノをつなぐインターネット）に代表される産業革命である。世界経済フォーラムは２０２０年10月、『仕事の未来レポート２０２０』を発表し、すでに労働の29％が機械化（ＡＩとロボットとＩｏＴに代替）され、２０２５年には52％の労働が機械化すると予測している。２年先の２０２２年までに金融業で20％、自動車産業で19％、小売業で17％、情報産業で18％、教育で14％、行政で14％、医療保健で11％の労働が機械化されるという。

第１次、第２次、第３次の産業革命と同様、第４次産業革命も失業だけではなく新しい労働を創出する。ただし、これまでの産業革命が肉体労働を技術化したのに対して、第４次産業革命は肉体労働よりむしろ頭脳労働を技術化している。新しく創出される労働のほとんどは、現在の労働より知的に高度な仕事である。そのため『仕事の未来レポート２０２０』は、世界の労働者に、向こう2年間で「１０１日分の学習」を行うことを推奨している。

現在小学6年の子どもたちが就く仕事の65％は、今存在していない仕事である。この劇的な変化に対して、学校における学びのイノベーションは対応できているだろうか。

この1年間、海外出張は不可能であったが、数多くのオンライン国際会議でポストコロナ時代の教育について世界中の教育学者と議論を重ねてきた。世界の教育学者たちはこの数年、第4次産業革命への対応を議論してきた。そこで共有された結論は、「創造性」「探究」「協同」による学びのイノベーションが何より必要ということである。子どもたちにとっては、新型コロナの感染予防も大切だが、学びのイノベーションはそれ以上に重要である。しかし学校はこの3年間、新型コロナの感染対策に追われ、さまざまな制約のもとで学びは劣化した状態にある。子どもたちの将来を失業と貧困に追い込まないためには、新型コロナ下であっても学びのイノベーションを後退させてはならない。

SDGs教育

未来の社会と教育を規定するもう一つの要因がSDGs教育である。「地球の限界(Planetary Boundary)」を超えない社会を建設することなしに人類の未来はない。国連は2015年、SDGs(17のゴール・169のターゲット)を決議し、2030年までの達成を呼びかけた。「誰一人取り残さない(leave no one behind)」世界の建設が掲げられている。SDGsは、これからの社会と教育の進むべき指標になることはまちがいない。

これら三つの要因が未来の社会と教育の決定要因として機能するだろう。その未来展望を踏まえると、現在から未来に向けて二つの原理が教育改革において浮かび上がっている。一つは「平等公正な教育（equitable education）」であり、もう一つは「学びの再革新（re-innovation of learning）」である。

「平等公正な教育」とは、「誰一人取り残さない」教育を実現することである。一人ひとりの尊厳を尊重し、一人残らず学びの権利を保障して、一人も独りにしない教育を実現することと言い換えてもいい。新型コロナ・ポストコロナの時代、第4次産業革命が加速される時代において、この重要性は強調しても強調しすぎることはない。

「学びの再革新」とは「21世紀型の学び」（アクティブ・ラーニング）をさらに革新することを意味している。「質の高い学び」の追求である。より高度の「創造性」と「探究」と「協同」を実現する学びと言い換えてもよい。新型コロナによって、かつての生活が蘇ることはないだろう。これから築かなければならない社会と生活は、まったく新しい社会と生活であり、まったく新しい労働である。その要請に応える学びの再革新が求められている。

学びのリ・イノベーションへ

新型コロナが世界と日本を直撃した直後の1年間、さまざまな制約はあったが各地の学

羽生市井泉小学校の教室風景。

校約50校を訪問し、オンライン会議とオンライン訪問であったが、10以上の国々の学校教育の状況を見つめてきた。絶望的状況の中で、私のつながりのある学校では、どの学校も「平等公正な教育」をいっそう前進させ、「学びのリ・イノベーション」を推進して新型コロナ以前よりも「質の高い学び」を実現していた。それらの学校の子どもたちと教師たちの姿はまばゆいほどである。

２０２１年1月から2月にかけて訪問した二つの学校を紹介しよう。一つは埼玉県羽生市の井泉小学校である。同校の訪問は初めてであったが、吉野和美校長とは学びの共同体の改革で10年以上の同僚である。同校の教師たちは「学びのデザイン」「学びのコーディネーション」「学びのリフレクション」において高い専門性を研修で追求し、「創造性」と「探究」と「協同」という「21世紀型の学び」を実現させていた。どの教室の学びも秀逸だったが、どの学年の美術作品も素晴らしく、教育の質の高さを象徴していた。

もう一つの学校は神戸市の丸山中学校である。同校の訪問は3年前から3度目である。かつては神戸市で最も困難な学校であり、新型コロナ下で子どもの貧困はいっそう厳しくなっているが、すべての生徒たちが柔らかく支え合い、学びの主人公になって、高い課題に挑戦して学び合う学校へと変化していた。生徒たちの姿に感動し思わず涙ぐむほどであった。ここに未来の社会と教育への希望がある。

聴き合う関係から探究と協同へ

——新型コロナの制約を超えて——

対話から探究と協同へ

緊急事態宣言の真っただ中の２０２１年6月11日、茅ヶ崎市の浜之郷小学校を訪問した。同校は、一昨年、約半数の教師が入れ替わり、今春も約半数の教師が入れ替わった。昨年校長も交代し新しい校長は同校創立期に教師を務めた青柳和富さんであったが、わずか１年で教育委員会に戻り、今春また新たに中学校から高橋励校長が着任した。新型コロナの制約のもと、これだけ大規模な異動が相次ぐと改革の持続は難しさを極める。23年間続いた改革を持続することは可能だろうか。その危惧を抱いた訪問であった。しかし、すべての教室を訪問し、昨年以上に順調なスタートを切っていることに安堵した。要保護・準要保護の子どもが3割に達し、教室に多数の特別支援を要する子どもがいる同校において、学びの共同体は、一人残らず学びの権利を実現し質の高い学びを保障する必須要件である。

学びの共同体の改革の核心は「聴き合う関係」にあり、それによって成立する対象世界（テクスト）との対話、他者との対話、自己との対話の学びにある。その画期的な意義を3年担任のベテラン西岡正樹さんの実践から学んだ。

西岡さんの教室には、学びに困難を抱えてきた芳樹（仮名、以下子どもの名前はすべて仮名）がいる。その芳樹が4月初めに書いた一文がある。

「かけざんのかんがえるのがむずかしかったです。7と1だったら7より下のすうじにならない。たつやのせつめいがわかりやすかったです。」

その芳樹が、1か月半後の6月初旬には、次のように書いている。

「分かったことは『いくつ分』です。『いくつ分』はかける数のことです。『いくつ分』はかけ算の『1あたり量×いくつ分＝全体の量』につかえて、かんたんです。分からなかったことは、『1あたり量』です。『1あたり量』はかけ算でかけられる数のむずかしい名前です。思ったこと、考えたことは、『1たば分』です。1たば分は、たとえば5たばあって、5たば全部どうじにつかうのが、1たば分です。すべて楽しかったです。」

わずか1か月半の芳樹の変化は驚愕に値する。4月の文章は「下」という漢字以外は、すべてひらがなである。しかし6月の文章では「分かった」「いくつ分」「数」「かけ算」「1

あたり量」「全体の量」「名前」「思った」「考えた」「全部」「楽しかった」と、ほとんどが漢字で書かれている。漢字の使用の劇的な増加は、芳樹の思考が抽象的なものに発達したことも意味している。

事実、4月の文章では数学的概念が一つも記されていないのに対して、6月の文章では、「かける数」「1あたり量」「いくつ分」「全体の量」「かけられる数」「1たば分」などの数学的概念が的確に使用されている。

この変化は、芳樹の中で「内言(思考の道具としての言語)」が発達したことを意味している。小学校3、4年生の授業を観察すると、子どもたちの「内言」が発達して「自己内対話=思考」が一挙に発展することが確認できる。芳樹はその典型である。ヴィゴツキーが卓見したように、子どもは「外言(コミュニケーションの道具としての言語)」が先に発達し、その「外言」が「内化(interiorize)」して「内言」が発達する。芳樹の4月と6月の文章の劇的変化は、そのことを端的に示していた。

もう一つ、ここから学べることがある。芳樹のこの顕著な発達は、何によって生まれたのだろうか。この変化は自然に生じたものではない。その基盤には、同校のすべての教室で追求されている「聴き合う関係」にもとづく対話的学びがあり、小学1、2年の時のペア学習の豊かな経験がある。6月の文章に現れている「1たば分」は、昨年の2年次の「か

西岡学級の聴き合う関係。

け算」で学んだ概念である。その「1たば分」という概念を使って芳樹は「1あたり量」を理解しようとしている。「1たば分」による「1あたり量」の理解では、これから学ぶ分数や比や割合の理解には不十分だが、この段階では上出来である。

1、2年生でどれだけたっぷりとペア学習による対話を豊かに経験しているかによって、芳樹のような飛躍的な発達、すなわち「内言」の劇的な発達が生まれるかどうかが決まってくる。そのうえで、4月から1か月半の3年の教室における「聴き合う関係」と4人グループの「探索的会話(exploratory talk)」による「探究と協同の学び」が、直接的推進力となって、この芳樹の著しい発達を実現したのである。(写真は、この教室の聴き合う関係の素晴らしさを表現している。）

対話から生まれる探究と協同

この日、4年の教室で提案授業を行ったのは中堅の古屋謙一さんである。彼が選んだ文学作品は「くましんし」（あまんきみこ作）だった。よく知られた「白いぼうし」と同様、「くましんし」もファンタジー作品である。タクシー運転手の松井さんは、お客の「紳士」が車に財布を忘れていることに気づき、財布にある名刺の「熊谷株式会社　熊野熊吉」を頼りに家を訪ねる。「紳士」は松井さんを居間に案内し、ウィスキーとご馳走をふるまう。その「紳士」は実は熊で、人間に追われ住処の「こたたん山」で仲間と別れ、人里に下りて人に化けて暮らしてきた。松井さんは酔って意識を失って、はっと気がつくと「紳士」の玄関の前に立っていた。松井さんは再び玄関のベルを押し、家の中からかんぬきをはずす音がすると、松井さんの心臓がどきどきとはげしく鳴り始める。ここで物語は終わっている。

日本の物語には、「おむすびころりん」や「笠地蔵」のように夢幻の世界へとワープする物語の伝統があり、もう一方で「物語は霊（モノ）の語り」（折口信夫）と言われたように、死者の霊がのりうつって語る伝統がある。「くましんし」は、前者の夢幻世界にワープするファンタジーであるが、最後の終わり方を読むと「霊の語り」としても読めるだろう。名作である。

古屋さんの教室も、西岡さんの教室と同様、聴き合う関係が子どもたち一人ひとりに育っており、４人グループの探究と協同も素晴らしい。

文学の授業は「話し合い」にしてはならない。みんなで話し合って理解したというのは、文学の授業ではない。文学における真正の学びはテクストとの対話による個の学びにあり、「個と個のすり合わせ」にある。文学の読みは「読解」ではなく「読み描き」であり、最低でも12分間は音読もしくは黙読にあてる必要がある。古屋さんは、この基本を理解した授業を展開していた。12分のテクストとの対話、それからグループ内の「個と個のすり合わせ」を３回以上、そしてテクストに戻す音読を途中３回入れていた。このクラスの子どもたちは個性にあふれているが、その多様な個性によって読みが広がっていた。

この教室には多動癖のある健太がいた。健太は半年前、北海道長万部から転校してきた。その健太を古屋さんは最初の音読で指名した。健太の読みはたどたどしく、素晴らしかった。子どもたちはまちがえずにすらすら読むのがいい読みだと思い込んでいるが、その認識はまちがっている。一語一語に触れ、一語一語のイメージを読み描く読みがいい読みなのである。授業の途中で古屋さんは、作者のあまんさんの「朗読」を聴かせたのだが、健太の読みはそれを授業の冒頭で体現していた。

授業にのめり込んだ健太だったが、途中、一回教室を出て、一冊の本を抱えて入ってきた。その直後の彼の発言が素晴らしい。「この『こたたん山』の『こたん』というのは、アイヌの言葉で『集落』を意味している」

学校（教室）間の格差を超えて

浜之郷小学校の研究会からの帰り道、この1年間、国内各地の約50校、海外約20か国（オンライン）の教室を参観した状況を思い起こしていた。学びの共同体の改革を推進している学校は、一人も独りにしないで平等公正な教育を実現し、探究と協同による質の高い学びを追求してきた。しかし、今なお文部科学省と市町村教育委員会の「ガイドライン」のもとで、一人ひとりを孤立させ、教師主導の一斉授業を行っている学校も少なくない。それらの教育委員会や学校は子どもの学びの権利と将来について何を考えているのだろうか。

授業中の子ども同士の感染事例は一つも検証されていないにもかかわらず、一斉に前を向いた机の配置と一斉授業のもとで、子どもたちが学びから疎外され学びの権利を奪われている。探究と協同の学びを追求してきた学校（教室）と、一斉授業の枠に子どもを押し込んでいる学校との教育格差は拡大する一方である。

諸外国はどうか。新型コロナ対策で、日本のように一人ひとりバラバラにし前を向かせて一斉授業を行わせた国は、コロナ勃発直後を除けば中国と日本と台湾しか私は知らない。しかし、コロナ勃発当初の中国と台湾はコロナ制圧に成功した国なので、10月頃にはコの字もしくは4人グループに戻している。

欧米諸国は、これも私の知る限りだが、開校当初1か月は机をバラバラにしたが、子ども同士では感染しにくいことが判明すると、すぐに通常の4人グループに戻している。そもそも先進諸国において机が一列に前を向いた一斉授業は20年以上も前に姿を消していたので当然である。新型コロナへの対策は重要だが、子どもたちの学びの質を低下させてはならないし、学びの権利を奪ってはならない。教師が教えたからといって子どもが学んでいるわけではないし、学びは他者との協同を必要としており一人で学びは成立しないのである。

新型コロナ下の学びの改革
――科学的データにもとづく対応へ――

新型コロナと子ども

新型コロナ・パンデミックは、子どもたちの学ぶ権利を剥奪し、学校における学びの改革は多くの制約を課された状態にある。パンデミック自体は「自然災害」だが、子どもの学びの権利の剥奪や制約は「人災」である。一連の学校政策は、科学的データと科学的知見にもとづいているのだろうか。

新型コロナ・パンデミックの発生以来、多くの科学的データと科学的知見が蓄積されてきた。新型コロナ・ウィルスはＳＡＲＳの変異体であり、ＳＡＲＳと同様ＡＣＥ2酵素をレセプター（受容体）としている。ＡＣＥ2酵素は年齢とともに発現量が増加し、10代以下の子どもは著しく少ない。したがって。子どもは感染しにくいし発症しにくいし重症化しにくい（ただし乳幼児は危険）。このことは、パンデミック発生当初から知られていた。さらに最近の研究で子どもは幼少時に頻繁に風邪をひくが、それによって子どもはコロナ型ウィルスに対する抗体を備えていることも指摘されている。これらの特徴はデルタ株でも同様である。デルタ株によって２０２１年8月20日現在、10代以下の感染者数は従来株との比較で4倍以上になったが、重症化率は20代でも全感染者の２・２％、10代以下では全感染者の０・６％程度、致死率は０・00％である。

もちろん、子どもといえども感染するし学校でクラスターは発生している。しかし、子どもの感染者の６割は家庭、４割は地域での感染であり、学校内感染は中高の部活や合宿を除けばわずかであり、ほとんどは教師からの感染である。教室内で子ども相互に感染した事例は皆無に近い。学校と教室は子どもたちにとって最も安全な場所なのである。

これらの科学的データがあるにもかかわらず、今なお（２０２１年8月）18か国で学校閉鎖が行われ、6億人の子どもの学ぶ権利が奪われている（ユニセフ）。２０２０年の学校閉鎖によって、世界の子どもが喪失した学びの質は回復に7・3年から7・9年を要し、その喪失によって損失した子どもたちの生涯賃金は２０２１年段階で１０００兆円に達している（世界銀行試算・２０２２年には２０００兆円）。アメリカの場合、5か月の学校閉鎖だけで子どもの生涯賃金の損失は平均６０００万円から７０００万円に達する（マッキン

新型コロナ下の学びの共同体（墨絵　永井勝彦）。

ゼー）。日本の無意味な学校閉鎖による長期的な経済損失は3兆7000億円である（OECD）。他の損失や将来の税金の負荷を入れれば、途方もない損失と負荷が子どもたちにおいかぶさっている。世界銀行は、経済的地位で下位50％の子どもの3割近くが学びの劣化によって生涯就職できず、就職できたとしても23％から37％程度の年収の低下につながるリスクがあると予測している。

日本の学校においても、科学的データを顧みることなく、文部科学省と地方教育委員会の「ガイドライン」によって一斉授業に引き戻され、学びの質が劣化した。もともと日本は「21世紀型の学び（探究と協同）」への革新が約20年遅れていた（PISA

報告2003）ことを考慮すれば、新型コロナによる子どもの長期的ダメージ（生涯賃金の低下、失業の危機、税負担など）は、アメリカと同等あるいは途上国に近いレベルと言ってよいだろう。しかも新型コロナで第4次産業革命は加速し、2025年には労働の52%がAIとロボットに置き換わる（世界経済フォーラム報告）。現在の12歳の子どもが就く仕事の65%は今存在しない仕事であり、現在より知的に高度な仕事になる。子どもの将来にとっては「平等公正な教育」と「学びのイノベーション（創造性と探究と協同の学び）」こそが喫緊の課題である。

拡大する学校間格差

パンデミックが発生してから1年半（2021年9月まで）、全国70校を訪問し海外20か国約30校（オンライン）の教室を観察してきた。日本の特徴は学びの質における学校間格差が著しく拡大したことにある。新型コロナ対応に追われた学校と、新型コロナ対応を行いながらも「探究と協同の学び」をいっそう推進した学校との間の格差である。

学校間格差拡大の最大の要因は市町村教育委員会の「ガイドライン」にある。今なお一部の市町村教育委員会において科学的データを無視した「ガイドライン」が、授業と学びを著しく制約している。授業中における子ども相互の感染の事実は確認されていないにもかかわらず、協同的学びが制約され、一斉授業の机の配置で子どもたちは孤立させられ、学びの質が劣化している。

そもそも「ガイドライン」は法令や条例ではなく、参考基準であって何ら強制力はない。しかも学校の授業や学びは校長の管理権に属している。問われているのは校長の見識であり、子どもの現在と将来に対する責任だろう。しかし、どれだけの校長が基本的な科学的データを認識しているだろうか。どれだけの校長がこの1年半の間の学びの劣化によって、一人ひとりの子どもに1000万円以上と推定される長期的経済損失を与えていることの責任を自覚しているだろうか。

学校での感染の多くは教師からの感染である。教師のワクチン接種、学校におけるマスクと手洗いの徹底、この二つを徹底させることが感染対策の必須要件である。しかし2021年8月20日文部科学省によって発表された教師のワクチン接種率はわずか2割である。最も必要な新型コロナ対策が実施されず、不必要な制約によって子どもの学びが奪われている。

子どもたちにとって新型コロナ・パンデミックの危機とは何かを考え直す必要がある。学びの権利の剝奪と学びの劣化こそが子どもにとっての危機である。もう一つ数値を示そう。２０２０年の10代以下の自殺率は前年比の１３０％になった。女子高校生は2倍以上である。新型コロナで死亡した10代以下の子どもは一人もいないのに対して、多くの子どもたちが新型コロナ下で命を絶っている。この事実が、新型コロナによって子どもたちが最大の犠牲者になっていることを物語っている。子どもたちの間に一人も独りにしないつながりを構築し、一人残らず質の高い学びを保障し、将来の幸福につながる学びの希望を育てなければならない。それこそが第一義的なパンデミック対策なのである。

新しい学校へ、新しい社会へ

46億年前に地球は誕生したが、ウィルスは30億年前に誕生している。現在の人類が誕生したのは20万年前である。一人の人は37兆個の細胞を持っているが、体内に３８０兆個のウィルスと共存している。人類の歴史はウィルスとの闘いの歴史であった。蝙蝠と共生するウィルスのうち人間に危害を与えるものは8万５０００種類もある。約５０００年前、人は定住し集団で暮らすようになり家畜を飼い始めて以来、多くのパンデミックに襲われ、そのたびに感染地域の3分の1から半数もの死者を出してパンデミックは収束した。アステカ帝国は、１５２１年にスペインのコルテスが率いた軍隊の天然痘ウィルスやサルモネラ菌によって2000万人の人口が200万人にまで激減し消滅した。古代文明の崩壊も、古代ギリシャの崩壊も、古代ローマの崩壊も、モンゴル帝国の崩壊も、市民革命も、社会の激変はパンデミックによって生じたと言ってよい。パンデミックは社会システムを崩壊させ、もとの社会に戻ることはなかった。今回も同様である。

新型コロナ・パンデミックは、「隔離」と「自由の保障」の二つを同時に追求する中でしか解決しない。成功例は、ニュージーランド、韓国、台湾、中国が示している。これらの国々では一人でも感染者が出るとPCR検査を徹底して行って感染者を隔離し、非感染者には自由を保障して、積極的にワクチン接種を行ってきた。日本では「コロナ対策と経済の両立」という誤った政策で感染対策も経済復興も共倒れになり、「自粛」によって精神と身体の「萎縮」を生み出してきた。「先が見えない」状況はその結果である。アメリカ、ブラジル、インドなど対応に失敗を繰り返している国も多いが、日本もその一つである。

新型コロナの解決はたった一つ。世界中の人々が「感染者」になることである。つまり感染者の隔離と20代以上全員のワクチン接種である。しかし現在、日本の感染者のうち隔離されているのはわずか1割である。これでは感染拡大は抑えようがない。他方、新型コロナのmRNAワクチンの効果は高い。これまでのワクチンとは異なり、mRNAワクチンは抗体免疫をつくるのではなく、細胞性免疫をつくる。つまり感染予防ではなく発症と重症化を抑制するワクチンである。そのmRNAワクチンが意外にも感染予防にも効果があることが開発後明らかになった。デルタ株によってワクチン接種者への感染が報道されているが、発症と重症化を抑えるワクチンの効力はデルタ株でも変わっていない。7月末に発表されたアメリカCDC（疾病管理予防センター）の調査結果は、ワクチン効果は感染者総数に対して重症化率0・004％、致死率0・001％であり、効力の高さを証明している。

パンデミックによってもとの社会、もとの生活に戻ることはない。新しい社会、新しい生活へと移行するのである。学校も同様である。もとの社会に戻す努力がますます危機を増発するのと同様、もとの学校に戻す努力は現実を悪化させるだけだろう。新しい学校づくりへと足を踏み出さなければならない。自粛と萎縮からは新しい社会も新しい学校も生まれないことは明らかである。学びのイノベーションを中核に据え、新しい学校づくりを今まで以上に推進する必要がある。学びの共同体の改革を推進している学校はどの学校も、パンデミックの状況下で探究と協同の学びの創造を今まで以上に推進し、現在から将来につながる子どもたちの幸福を教室を拠点として切り拓いている。その実践の中に、未来への希望を託すことができる。

沖縄本島南端の学校から北海道北端の学校へ

沖縄の本島南端へ

緊急事態宣言下の２０２１年９月24日、沖縄本島最南端の糸満市立米須小学校（多賀明彦校長）を訪問した。校区内には、沖縄激戦の記憶が生々しいひめゆりの塔と摩文仁の丘、そしてジョン万次郎がアメリカから帰還した上陸地など数多くの史跡があり、ウミガメが産卵する海岸もある。数々の記憶を秘めたこの地域で、学びの共同体の素晴らしい学校が建設されていた。前日（９月23日）那覇空港で抗体検査を受けたのち、糸満市に移動し「那覇一歩の会」の講演を行った。会場には限定15名、オンラインで約70名の教師たちが参加した。

昨年は新型コロナで来られなかったので、２年ぶりの沖縄訪問である。その空白が沖縄の自然と社会の再発見を促してくれる。ガジュマルなど沖縄の木々には霊性（スピリット）が感じられる。土や石や草も魂を宿している。なぜだろう。沖縄では自然が人々の魂に呼応しているのである。教師たちも同様である。「那覇一歩の会」を組織した初鹿野修さん（元那覇市小学校長）と多賀明彦さんをはじめ沖縄の教師たちの誠実な教育への姿勢と真摯な学びには、本土には見られないスピリットといぶし銀のような輝きがある。

翌日米須小学校の全教室を参観し、子どもたちの学びの質の高さと教師たちの授業づくりのひたむきさに感動した。同校が学びの共同体の改革に挑戦し始めたのは2年前である。新型コロナ下の多くの制約のもとで、これほどの学校をつくりあげた多賀校長と教師たちは尊敬に値する。同校は「話し合う対話」ではなく「聴き合う対話」による「質の高い学びの創造」と、「評価する見方から省察する見方へ」を標語とする授業研究によって「一人も独りにせず、誰もが学び続ける学校づくり」を推進してきた。改革のヴィジョンが端的に表現されているのが素晴らしい。

この日の提案授業を行ったのは中堅教師の上原真紀さん、彼女は子どもたちを学び好きに育てる抜群の力を持っている。午前中のクラス参観で、彼女が昨年担任した6年生の学び合いと、現在担任している5年生の子どもたちが夢中になって学ぶ姿を見て、上原さんの力量に感心させられた。午前中、彼女の社会科と国語の授業を短時間参観したのだが、

糸満市米須小学校の教室風景。

子どもたちの探究と協同が自然にダイナミックに展開しているのが印象的だった。たとえば、上原さんが何も言わなくても、グループで探究したいときには、子どもたち自らがグループ学習を開始するのである。

提案授業の題材は算数「図形の角」だった。最初に大きな画面で、市内の琉球ガラス村の幾何学模様の壁画がスライドで提示された。そのあと学びの課題が示される。この授業の学びのデザインは「共有の学び1：平行四辺形は平面に敷き詰められるか」「共有の学び2：台形、一般の四角形、凹型四角形は、それぞれ敷き詰められるか」であり、「ジャンプの学び」は「どういう条件があれば敷き詰められるのか」と「正五角形は敷き詰められるか」であった。三角形の敷き詰めの授業は小学校で何度か見たことがあるが、四角形の敷き詰め問題は、中学校でしか見たことがない。特に凹型四角形については中学生でもレベルの高い課題である。小学5年生にとっては、この授業の「共有の課題」は「ジャンプの課題」と言ってもよいだろう。

子どもたちは、タブレットを使ったシミュレーションによって平行四辺形、台形、一般の四角形、凹型四角形が敷き詰められるかどうかを探索的に学んでいった。タブレットを使うため、授業の前半は個人作業になりがちだったが、課題のレベルが高くなるにつれて、クラスの本領である協同的学びへと移行し、探究が深まっている。ほぼすべての子どもが共有の学びを達成した後、上原さんは全体に戻して「ジャンプの学び」に移行し、「どういう条件があれば敷き詰められるのか」と問うと、子どもたちは「図形が合同であれば敷き詰められる」と答えた。そこからもう一つの「ジャンプの学び：正五角形は敷き詰められるか」のグループ学習へと移った。そのグループ学習によって、正五角形は合同であっても敷き詰められないことが確認され、授業が閉じられた。

公開研究会を終えて、校舎裏の城跡の石垣に根をはったガジュマルの霊性（スピリット）を夕陽の中で見つめ、この子どもたち、教師たち、学校の精神性（スピリチュアリティ）の輝きを再確認した。この輝きに沖縄の教育の未来が照らし出されている。

最北端の宗谷から

10日後の10月4日、北海道最北端の宗谷岬から樺太を眺望し、浜頓別町立浜頓別中学校（細谷隆志校長）を訪問した。北海道の宗谷地区は土地もやせており、車で行けども行けども何もない地域が続く。その地域に浜頓別町はあり、コンビニに行くのに車で1時間を要するという。北海道辺境の地域と学校は「棄てられる危機」を抱え込んでいる。その危機に陥らないためには、教育によって子どもと地域の未来を拓く必要がある。この使命と責任を私を出迎えた久保俊博教育長と細谷隆志校長と車中で共有した。

浜頓別中学校が、学びの共同体の改革に着手したのは2年前、静岡県富士市立元吉原中学校を細谷校長が参観したことが契機であった。学びの共同体の姿に感動した細谷校長は、北海道大学教授の守屋淳さんの協力を仰ぎ、守屋さんが何度も同校を訪問して改革を支援してきた。

同校は「聴き合う関係から真正の学びへ」「学びとケアと授業研究の一体化」を掲げ、昨年は年間40回の授業研究会を実施、今年は一人7回の授業公開で60回の研究会を予定している。その成果は著しかった。一人残らず夢中になって学ぶ姿がどの教室にも実現し、全国平均を10点下回っていた数学の学力は、全国平均を10点も上回るまで上昇した。学びの共同体の学校で通常3年あるいは4年で達成する成果を、わずか2年で達成したのである。

公開授業研究会当日、守屋さんと共に学校を訪問し全教室を参観した。素朴だが品のよい印象を与える生徒たちである。困難を抱える生徒も少なくないのだが、どの生徒も友達と教師に温かく支えられて、一人残らず夢中になって学び合っている。わずか2年でこの偉業を達成した細谷校長と教師たち、それを支援した浜頓別教育委員会への敬意を表さずにはいられない。この公開研究会には道内各地から多くの教師たちが参観に訪れていたが、私と同じ思いだっただろう。

午後の提案授業を行ったのは石黒裕士さん、授業は中学1年歴史「院政から武士の進出へ：平家の政権と滅亡」だった。「共有の学び」では「院政と平家の政権掌握の年表」を完成させるワークシートが配られ、資料として①「平氏の系図」②「日宋貿易の地図と品目と宋の事情」により「武士はどのようにして政治の実権を握るようになったか」が課題とされた。それに続く「ジャンプの学び」では、資料として①「壇ノ浦の地形と写真」②「壇ノ浦の戦いの様子（「平家物語」の抜粋）」③「源平の争乱の動き（源平の勢力図を示す日本地図と主な争乱の年譜）」が配られ、「なぜ、平家は壇ノ浦で滅亡したのか」を複数の要因で考える学びが展開された。盛りだくさんだったが、よく構成された学びのデザインである。

この授業は、入学して半年間で生徒たちが探究と協同の学びを体得した姿を示していた。「共有の学び」の「平氏の系図」の解釈に生徒たちは予想以上に時間を費やしてしまったが、それ以外は、石黒さんが期待した以上の学びが展開された。その後の協議会においても、参観者たちは生徒たちの相互のケアと探究の素晴らしさを一様に語っていた。

学校ぐるみの改革から学んだこと

浜頓別町には白鳥などの野鳥が飛来してくるクッチャロ湖がある。翌朝、湖畔を歩くと、はるかシベリアから渡来したコハクチョウの群れ、越冬で訪れたカモの群れと出会った。クッチャロ湖はラムサール条約指定地であり、数千羽、数万羽の野鳥たちが飛来し旅立ってゆく。白鳥やカモはV字型の隊列で飛ぶが、リーダーはいない。先頭は交代でつとめ、前を飛ぶ鳥との距離と角度を一定にして上昇気流を生み出し、最小のエネルギーの最適値を求めて飛んでいる。

学校も同様である。学びの共同体の学校と教室においてリーダーは存在しない。聴き合う関係のコミュニケーションによって、教師も子どもも、改革の方向性とエネルギーの最適値を探り合っている。糸満市の米須小学校と浜頓別町の浜頓別中学校の学校と教室の改革を参観し、その思いを強くした。

聴き合うコミュニケーションによる改革というシステム論的思考が、学校改革と教室の改革では重要である。このシステム論的思考による改革を可能にしているのが、米須小学校の多賀明彦校長と浜頓別中学校の細谷隆志校長の優れた学校経営である。この二人の校長は「改革のヴィジョン」を明確に提示し、子どもと教師一人ひとりをこまやかに支援して、一人残らず教師と子どもの質の高い学びを実現している。子どもたちも教師たちもリーダーの牽引によって学んでいるのではなく、一人ひとりが主人公になって学びの共同体を組織している。この二つの学校改革の成功の秘密はここにある。

二つの学校の訪問は、新型コロナの第５波の緊急事態宣言下とその直後であった。国内の多くの学校が休校や学びの制限によって、子どもの学ぶ権利を奪い、学びの質の劣化を深刻化させていた時期、二つの学校はいずれも教育と地域経済の危機に対峙し、子どもと地域社会の未来を切り拓いていた。そこに未来への希望を見ることができる。

探究と協同による質の高い学びへ
―探索的会話によるグループ学習―

探究的な学びの要件

新型コロナ下で学びの質における地域間・学校間格差が拡大している。OECDやユネスコや世界銀行は新型コロナ下において、貧困層の子どもの学習や情緒や心身の健康のダメージは一般の子どもの5倍と算定している。新型コロナは貧富の格差を拡大しているが、その数倍も教育格差を拡大している。パンデミックが発生して2年間、国内約70校、海外20か国約50校（海外はオンライン）を訪問し学びのイノベーションを支援してきたが、最も憂慮してきたのが、地域間と学校間の教育格差拡大である。

国内の学校に限って言えば、私が訪問する学校は県内あるいは市内で厳しい環境にある学校が多いが、新型コロナ下の2年間、学力が都道府県内あるいは市内でトップクラスに躍り出る学校は少なくない。学力平均が１００点満点で20点あるいは30点も上昇する学校も少なくない。学びの共同体の実践の成果なのだが、冷静に考えると、これらの奇跡的な学力向上は決して喜ばしいことではない。新型コロナ下の学びの規制によって他の学校の学びの質が著しく低下した結果でもあるからだ。新型コロナ下で一斉授業に戻した学校（地域）と探究と協同の学びを継続した学校（地域）との間には、計り知れないほどの教育格差が生じている。

私が訪問している学校のほとんどは、コロナ感染対策は十分に行いつつも、探究と協同の学びをいっそう発展させて、子ども一人ひとりの学びの権利を保障し将来の幸福につながる学びを実現してきた。今、学校で最も必要なことは、新型コロナ下であっても一斉授業に戻さず、質の高い探究的で協同的な学びをすべての子どもたちに保障することである。

しかし、ひるがえって質の高い探究的で協同的な学びとは、どのような要件を備えた学びなのだろうか。その要件はいくつもあげることができる。①一人ひとりが学びの主人公になって授業の最初から最後まで夢中になって学んでいること、②一人も独りになっておらず、どの子も支え合うケアの関係が成立していること、③「話し合い・教え合い」ではなく「聴き合い・学び合い」のグループ学習になっていること、④教科の本質を追求する高いレベルの「ジャンプの学び」が組織されていることである。

これら4項目の要件はいずれも重要だが、ここでは③の「話し合い・教え合い」ではなく「聴き合い・学び合い」のグループ活動にすることの意義について、その理論的基礎を考察しておこう。

グループ学習は「話し合い」にしないことが最も重要である。学びは既知の世界から未知の世界への旅（経験）であるが、「話し合い」はすでにわかっていることの交流であって、そこには学びが成立しないからである。実際、活発な話し合いを行っているグループの一人ひとりの発言を記録し分析すると、何も学んでいないことがわかる。学びが成立し探究活動が行われているグループは、活発な話し合いではなく、静かなつぶやきとぼそぼそ声を交流している。静かな教室でつぶやきと囁きが交歓されているグループ学習の教室こそが、質の高い探究と協同の学びが遂行されている教室なのである。

発表的会話と探索的会話

グループ学習における「聴き合い・学び合う」活動の重要性は、ロンドン大学のダグラス・バーンズが1990年代に指摘し、日本では一柳智紀（東京大学）がバーンズを敷衍して探究している。バーンズはグループ学習における子どもの発話を「発表的会話

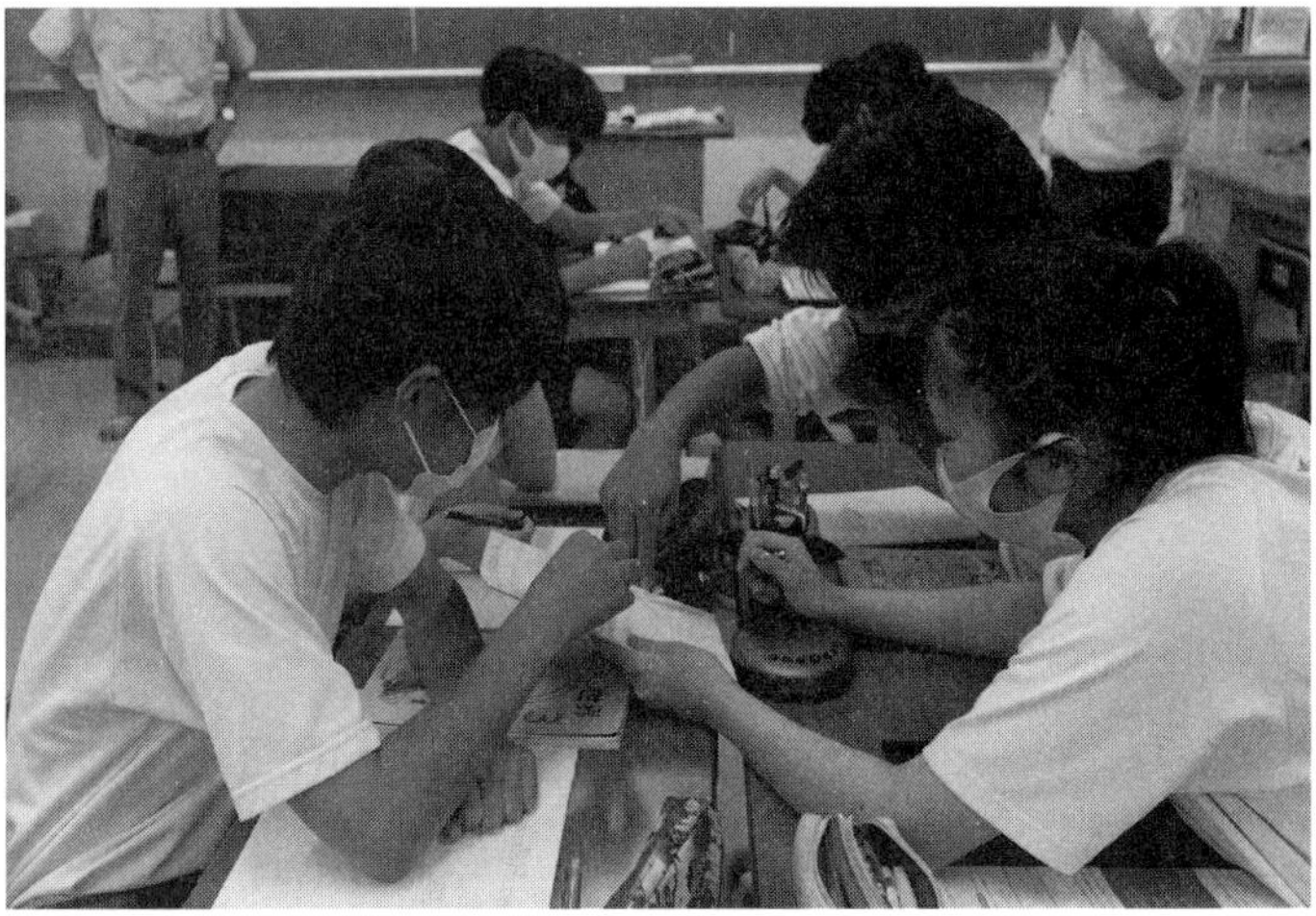

探索的会話で学び合う生徒たち。

(presentational talk)」と「探索的会話(exploratory talk)」に分け、協同的探究は「発表的会話」ではなく「探索的会話」によって遂行されることを示していた。「発表的会話」とは「僕はこう思う」という会話「私はこう考える」「これはこうだ」という会話であり、「探索的会話」は「これがヒントにならないか」「あれとこれは関係しているのではないか」というように、探りを入れながら推論し思考する会話である。協同的学びにおける「探索的会話」の重要性は、その後、ケンブリッジ大学のニール・マーサーによって継承され、ヨーロッパ諸国の協同学習の最も強力な理論的基礎になっている。ロンドン市カムデン区において学びの共同体の実践で画期的成果をあげている

問題
次の二次方程式の解を求めなさい。

〈共有の課題〉

① $x^2+6x+7=0$

② $2x^2+8x-6=0$

③ $x^2-7x+5=0$

〈ジャンプの課題〉

$ax^2+bx+c=0\ \ (a\neq 0)$

ピーター・ダドレイ（ケンブリッジ大学・世界授業研究学会元会長）も、マーサーが推進するオラシー（Oracy）プロジェクトの一環として学びの共同体を実践している。「聴き合う関係」を基礎とする「探索的会話」こそが、質の高い探究と協同の学びの重要な要件なのである。

新型コロナ下の2年間で私の協力する学校の多くが学力向上を達成したと述べたが、それらの学校には共通した特徴がある。「話し合い・教え合い」ではなく「聴き合い・学び合い」の協同学習によって高いレベルの「ジャンプの学び」を実現してきたことである。すなわち「探索的会話」（つぶやきとぼそぼそ）によるグループ学習を推進してきたのである。具体的事例を一つ提示しよう。

2021年6月に参観した岐阜市立岐阜清流中学校（寺崎正人校長）の3年数学（島崎晋指導）「二

次方程式（根の公式の導入）」の授業事例である。前時の授業で生徒たちは二次方程式を因数分解によって解く方法を学んでおり、この授業では二次方程式を$(x+p)^2=k$のかたちに変形して解く課題が「共有の課題」、それをさらに応用して根の公式を導く「ジャンプの課題」が設定された。かなり高い「ジャンプの課題」である。

このクラスの生徒たちは2年前、つまり彼らが1年の時は、とても困難な学年であり、学力は市内で最低ラインであった。ところが、この授業の直前の標準テストでは市内22校中トップに躍り出ていた。1年の時の生徒たちの様子を参観で知っている私にとって、この結果は驚きであった。目の前の30名の生徒たちのうち、私の見たところ約8名は低学力で、その生徒たちの姿は2年前とそれほど変化していないようにも見えたからである。とすれば、いったい何が、この生徒たちの著しい変化を生み出したのだろうか。

聴き合う関係・援助要請・探索的会話

授業が進展するにつれて、生徒たちの飛躍的な学力向上の秘密を発見することができた。授業開始後5分で「共有の課題」のグループ学習が開始されると、どのグループでもケアの関わりが生まれ、ケアによる積極的なつながりが学びを推進している。それぞれのグループに学習困難な生徒がいるのだが、どのグループでも一人残らず学びを保障するケアの関わりによって、生徒たちは学びに夢中になって取り組んでいる。そのケアの関わりが探索的会話で行われているのがこのクラスの特徴である。わかる生徒がわからない生徒に一方的に教えるのではなく、わからない子が「わからない」と援助を要請し、「どこまでわかった？」と尋ねたうえで、わからない生徒と共に考える探索的会話による学び合いが行われている。

さらに「ジャンプの課題」に移ると、驚くことが起こった。たとえば、一つのグループは4人中3人が低学力で、「共有の課題」の時は一人の学力中位の女の子が探索的会話で3人に対応し、最後は最も困難な生徒を3人がかりでケアしていた。ところが、「ジャンプの課題」になると、これまで3人をケアしていた女の子が「わからない」という援助要請を行って、それを契機に、これまでケアされた3人がケアしていた女の子をケアする活動を展開したのである。すなわち「ケアする生徒」と「ケアされる生徒」の関係は逆転していた。その結果、この高い「ジャンプの課題」を4人で達成している。私は、この一連のプロセスに、このクラスの生徒たちの飛躍的な学力向上の秘密があることを確信した。

この事例に示されるように、質の高い探究的で協同的学びは「聴き合う関係」と「援助要請」と「探索的会話」の三つの要件で成立している。「援助要請」は英語でhelpseeking と表現され、「わからない、ねえ、ここ教えて」と仲間に助けを求める行為を意味している。上記のグループの事例は、学力低位の生徒の援助要請が重要であることを示すだけでなく、学力で中位や上位の生徒からの援助要請も協同的で探究的な学びにおいて重要な機能を果たすことを示している。「ジャンプの課題」のレベルの高さが重要であることも、この事例は示している。高いレベルの「ジャンプの課題」は、学力が上位の生徒も低位の生徒も対等にする機能を発揮する。この事例において「ケアする生徒」と「ケアされる生徒」の関係が逆転したのも、「ジャンプの課題」のレベルが高かったからである。「聴き合う関係」「援助要請」「探索的会話」の三つは、質の高い協同的で探究的な学びを実現している教室に共通する特徴ではないだろうか。この三つのキーワードは、学びの共同体の奇跡的成功を解くカギとなる概念であり、グループ学習を有効に機能させるカギとなる要件と言ってよいだろう。

学びの損失の回復から学びのイノベーションへ

新型コロナ・パンデミックによる学びの損失

世界中の学校が学びの損失（learning loss）の回復を最優先課題としている。ユネスコとユニセフと世界銀行は共同で新型コロナで生じた学びの損失の深刻な実態を調査し、2020年10月、2021年6月、12月の3回にわたって詳細な調査報告を発表してきた。その概要は以下のとおりである。

①新型コロナによる学びの損失（本来到達すべき水準と新型コロナ下で到達した水準との差異―後述）は、途上国と中位国において30％以上、先進国においても17％から20％に達している。

②学びの損失によって、世界の経済的地位50％以下の子どもたちの3人に1人が一生仕事

に就けないダメージを負っている。この世界の半数の子どもたちは、仕事に就けたとしても生涯賃金を27％から34％損失した。

③世界の子どもたちが新型コロナによる学びの損失で失った生涯賃金は総額２０００兆円であり、この額は世界のＧＤＰの14％に相当している。生涯賃金の損失額は１年前の２０２０年12月段階では１０００兆円であったが、この1年で急増している。

④ユネスコ、ユニセフは、10歳程度の読み書きや計算能力しか獲得していない子どもたちを「学びの貧困層（learning poverty）」と呼んでいるが、その比率は新型コロナ前の53％から70％に急増している。先進国の学びの貧困層は９％であるが、途上国は90％に接近している。

⑤貧困層の子どもたちの新型コロナによる栄養・健康・情緒・学力などへのダメージは、一般の子どもの約5倍である。

これらの概要だけでも、新型コロナの最大の犠牲者が子どもたちであることを理解できるだろう。昨年（２０２1年）末、世界不平等研究所は、世界の１％の富裕層が富の37・8％を独占し、下位50％の人々は富全体のわずか2％しか所有していないという調査結果を報告していた（日本でも１％の富裕層が24・5％を独占、下位50％は全体の5・8％しか所有していない）。新型コロナによって貧富の格差が拡大したが、教育格差はそれ以上

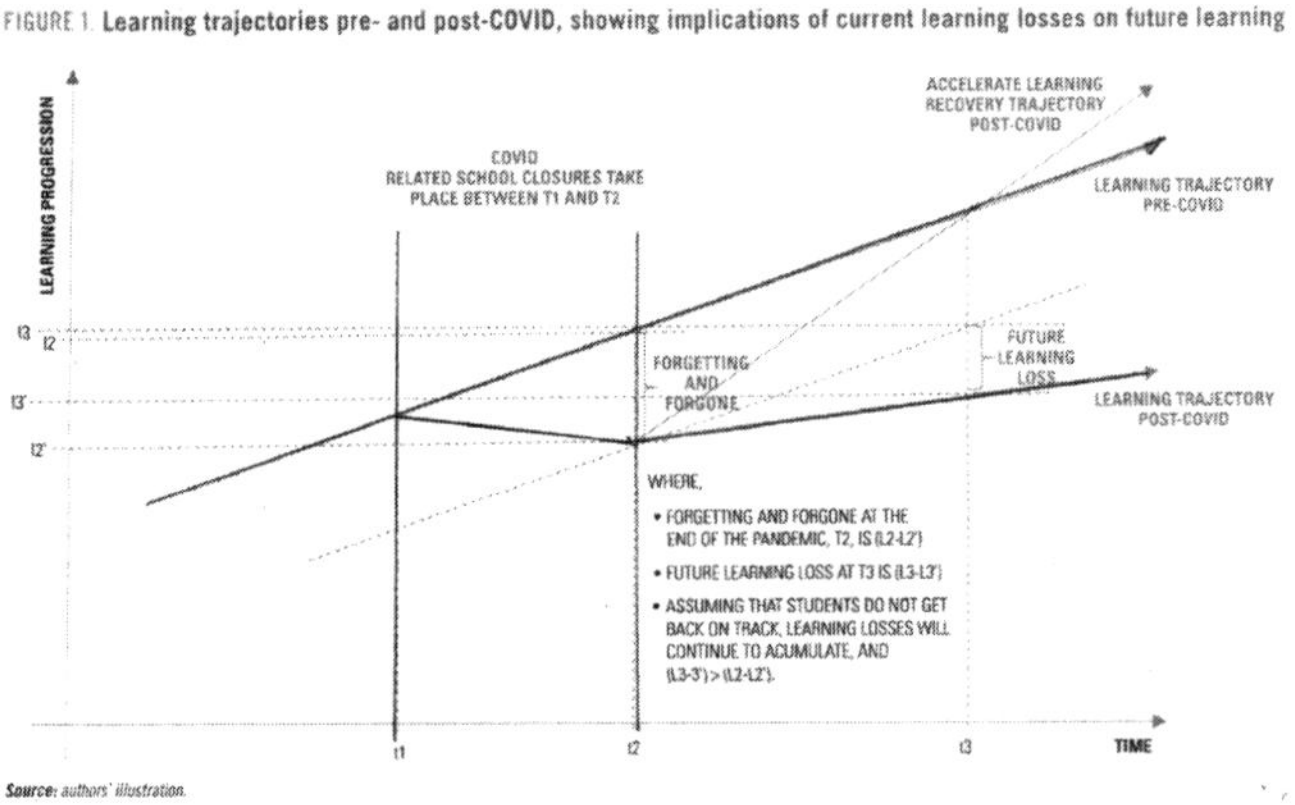

FIGURE 1. Learning trajectories pre- and post-COVID, showing implications of current learning losses on future learning

Source: authors' illustration.

学びの損失のモデル図：UNESCO・UNICEF・World Bank（2021）

に拡大している。

学びの損失については、図をご覧いただきたい。学びの損失は、学びの質量の水準を累加的なものとして時間軸で示し、パンデミックのダメージで低くなった到達水準との差で計算される。図においてまっすぐな直線が本来到達すべき学びのレベルである。学びの損失を示す折れ線は学校閉鎖（先進国は3～4か月、途上国は7～10か月）とその後の制約によって生じている。学びの損失は、休校時における忘却（forgetting）と先送り（forgone）、および開校後も学びの累加の上昇率が休校前より低下することによる損失（future learning loss）の三つで計算される。その結果、前述したように学びの損失は途上国と中位国で30％以上、先進国でも17％から20％として算定されているのである。この学びの損失の回復には7・3年から7・9年も要するという。学びの損失の回復と学びのイノベーションが世界各国の教育の最優先課題になっているのは当然である。

日本の子どもたちのダメージと将来リスク

残念なことに、日本では文部科学省も都道府県・市町村教育委員会も感染対策に終始し、子どもたちの学びの損失と将来リスクへの対応はほとんど実行されていない。その結果、2021年以降も休校を実施し学級閉鎖を行い続け、学びの損失と将来リスクを回復するどころか増大させている。そもそも新型コロナ・ウィルスはACE2レセプターと結合することがゲノム分析でわかっており、ACE2遺伝子の発現量は10代以下では著しく少ないことが2年前には判明している。子どもは感染しにくいし、感染してもほとんど重症化しない。実際、ほとんどの国で子どもの死者数はゼロである。この科学的知識とデータがわかって以降、ほとんどの国で休校も学級閉鎖も行っていないし学びの規制は行っていない。子どもたちにとって学校は最も安全な場所であり、子どもにとっては感染リスクよりも学びの損失による将来リスクの方がはるかに大きいからである。しかし、日本では科学的知識も科学的データも無視した「ガイドライン」によって休校、学級閉鎖、学びの規制が繰り返されてきた。

日本の子どもたちの学びの損失が諸外国以上に深刻なことも認識しておく必要がある。休校期間は他の先進諸国と同様、3か月から4か月であったが、突然の休校だったため無策状態の休校となった。ほとんどの国は休校中オンライン授業を実施し、テレビとラジオを総動員して授業が継続された。しかし日本の公立学校で休校中オンライン授業を行った学校はわずか5％、テレビもラジオも授業の放送は行わなかった。

さらに日本では学校再開後も「ガイドライン」によって一斉授業に戻され、さまざまな学びの規制が行われてきた。一斉授業はどの国においても140年以上前に成立したシステムであり、ベルリンの壁が崩壊した30年前から大半の国は一斉授業を廃止し、グローバリゼーションに対応した「21世紀型の授業と学び」（学習者主体の探究と協同の学び）に移行している。日本の授業と学びのイノベーションは世界各国と比べて20年以上遅れている。新学習指導要領はその遅れを一気に取り戻すことを主眼としていたが、そのイノベーションの出鼻を新型コロナが砕いてしまった。一斉授業への回帰と学びの規制による学びの損失は日本特有の現象であり、そのダメージは大きいと言わなければならない。

日本の子どもたちの将来リスクは日本経済の凋落によって深刻化している。世界銀行と

ＩＭＦは、新型コロナによる経済ダメージにおいて日本は世界最悪と指摘している。ほとんどの国は２０２０年、２０２１年、年率２％から７％でＧＤＰを成長させ、来年か再来年にはパンデミック以前の状態に回復する予測である。しかし、日本は新型コロナ以前からＧＤＰ成長率が世界最低（１７０位）で低迷してきた。経済、産業、教育、社会、政治のイノベーションを30年間も怠ったからである。新型コロナ発生後の２０２０年も２０２１年も日本経済はマイナス成長のままで回復の見通しが立っていない。その厳しい社会を子どもたちは生きていかなければならない。他方、新型コロナ下で加速する第４次産業革命によって、現在12歳の子どもたちが就く仕事の65％は今存在しない仕事（すなわち現在の労働より知的に高度な仕事）になる。どのアスペクトから考えても、新型コロナ下であればこそ、いち早く学びの損失を回復し、将来に備えて学びのイノベーションを遂行しなければ、子どもたちの幸福な未来を準備することはできない。

学びの回復からイノベーションへ

人類史においてパンデミックはいつも、世界と社会を崩壊させ、新しい世界と社会を生み出してきた。もとの世界、もとの社会に戻ることはない。もとの学校に戻すのではなく、新しい社会に向けて新しい学校を創造する改革が求められている。その改革においては、学びの権利と学びの質の保障を継続するサスティナビリティと、学びの損失の回復を実現する学びのさらなるイノベーションの二つを同時に追求しなければならない。この二つが実現しなければ、子どもたちの現在から将来にわたる幸福（wellbeing）はないし、学校教育の未来もない。

新型コロナが席巻して2年間、毎週約4校のペースで北海道から沖縄まで全国各地の学校を訪問し、学びの共同体の改革を支援してきた。この全国行脚と並行して、毎月2回のペースで世界約20か国で開催された学会・講演会・シンポジウム・研究会（すべてオンライン）に参加し、各国で推進される学びのイノベーションを支援してきた。この2年間の経験を通して、感染予防に終始している学校・地域・国と、学びのイノベーションを推進している学校・地域・国の格差が著しく拡大していることを実感してきた。

感染対策に終始している学校・地域の特徴は、新型コロナに関する科学的知識も科学的データも持たず、学びの損失のリスクと将来リスクもまったく考慮されていないことにある。それを助長しているのが、「感染予防と経済の両立」という日本政府の愚策である。「感染予防と経済の両立」では、感染予防も失敗し経済も破綻してしまう。パンデミックへの対処は「隔離（検査）と自由の保障」でなければならない。日本ではこの愚策によって国民全員に「自粛」が強いられた結果、社会も経済も教育も萎縮し、新しい社会と新しい学校への移行も進展しない閉塞状況に陥っている。その最大の犠牲者が子どもたちである。

すでに先進諸国では大卒でなければ仕事に就けない状況が生まれている（アメリカの新規雇用の98％以上は大卒以上）。学びの損失の回復と学びのイノベーションを早急に行わない限り、大量の子どもたちが「無用階級（useless class）」に転落してしまうだろう。「学びの共同体」の改革は、2年間この危機と向き合い、新型コロナ下であっても一人残らず学びの主人公になるケアの共同体を教室につくり、これまで以上に質の高い学びを一人残らず保障する「探究と協同の学び」を実現してきた。その結果、新型コロナ下のさまざまな制約を超えて、国内外で「学びの共同体」の改革を推進する学校と地域はいっそう拡大し、子どもの学びはいっそう質の高いレベルに到達している。それらの学校・地域においては、危機が改革を促進し、新しい社会と学校を創造するイノベーションが遂行されている。この事実も新型コロナが創出した社会現象・文化現象・教育現象の一つである。

学校改革のスーパービジョン
――至難の仕事――

指導・助言ではなく協力・協同

　学校改革のスーパービジョンは、複雑な活動であり至難の仕事である。これまで国内4000校、海外700校（約30か国）の学校改革に協力してきたが、今もスーパービジョンの難しさを痛感している。そもそも学校改革は深刻なパラドクスを内包している。学校改革が可能と考える人は学校改革を達成できず、学校改革が不可能であることを認識した人、すなわち学校改革の絶望的な難しさを知り尽くした人だけが、学校改革を達成することができる。しかも、同じ課題を抱えた学校は一つもない。どの学校もその学校固有の課題を抱え込んでいる。さらに学校の経営や教師の仕事は複雑系システムであり、〈現状分析→原因の究明→解決策の提示〉という「指導・助言」で対応しても何の効果ももたらさせない。このアプローチでは問題を解決できないだけでなく、より深刻な別の問題を派生させてしまうだろう。

学校は内側からしか改革できない。学校改革をスーパーバイズする活動は、それぞれの学校や教室に潜在する可能性を洞察し、子どもや教師や校長の沈黙の声を聴いて彼らの「言葉にならない願い」を探り、それらの「沈黙の声」からヴィジョンを創出して学校全体で共有して、そのヴィジョンを実現する最適解を校長や教師と共に探り出す活動である。

学びの共同体の学校改革は、多数のスーパーバイザーの活動によって推進されてきた。国内では約140名のスーパーバイザーが組織され、それぞれが10校から100校の学校を担当して訪問し、各地の学校改革を支援している。海外でも、昨年（2021年）の学びの共同体国際会議には31か国地域から2000名もの教育学者・教師たちが参加した。その多くが各国において学校改革のスーパーバイザーを務めている。国内のスーパーバイザーの3分の2は退職校長、3分の1は教育研究者である。海外の場合は、校長、教師も含まれているが、ほとんどが教育研究者である。

学びの共同体の改革は「革命」なので、スーパーバイザーの役割が決定的に重要である。そのスーパーバイズは「指導と助言」ではなく、「ヴィジョンと哲学と活動システムの共有」と「現状認識と改革課題の共有」にもとづく「協力と協同」であり、きわめて複雑で至難を極める活動である。国内外のスーパーバイザーの日々の偉業は感嘆すべきである。

私自身に即して言えば、スーパーバイズの活動の大半は言語化するのが難しく、ほとんど職人的「器用仕事」（ブリコラージュ）である。学校を訪問すると、校区を観察し、正門をくぐり休憩時間の子どもたちの声を聴き、校長室で校長と挨拶をする。その段階で、不登校の数、教室の授業の状況、学力の状況、学級崩壊の状況を誤差1割の範囲で推量することができる。子どもの声は、それらすべてを表現している。1年越しの訪問であれば、その1年間の学校の変化も推察することができる。

午前中は全教室の授業参観である。大きな学校であれば一クラス2分程度になってしまうが、各クラスの学びの状況、困難な子どもの状況、教師の抱えている悩み、教師と子どもの関係、子ども相互の関係などを瞬時に認識する。信じられないだろうが、数分の参観で、子どもたちと教師の過去3年間の姿までも推察することができる。教室における子どもの事実は、一つひとつが学校のすべてを詳細に物語っている。したがって一日のスーパーバイズの活動の中で、全教室の授業参観が最も重要な活動である。

午後は、全教師による提案授業の観察と授業協議会の参観、そして私の講評（講演）である。提案授業の観察と授業協議会の参観、私の講評（スーパービジョン）はすべて、午前中の全クラス授業参観にもとづいて行われる。この講評において私は「指導・助言」ではなく「私が学んだこと」をすべての教師に伝える。「私が学んだこと」の報告とそれによる対話が、スーパーバイズの実質的活動である。

「システム思考」と「デザイン思考」

スーパービジョンを有効に行うためには、「システム思考」と「デザイン思考」の二つが重要である。「システム思考」とは、学校や教室の出来事（問題）を「属人的」に理解するのではなく、複雑な諸要因の「システム」として構造的に理解することである。しかし、ほとんどの校長や教師は、学校と教室の出来事の是非を「あの子がこうだから」「あの教師がこうだから」と属人的に認識し、子どもや教師の是非（有能さ・無能さ）あるいは責任（問題）に帰結させた因果関係で理解し、その出来事を生み出している「システム」の構造的な関係については理解していない。

学校改革のスーパービジョンは、〈現状分析→原因の究明→解決策の提示〉という思考による「指導・助言」ではなく、学校や教室の「観察」による出来事の複合的で構造的な認識にもとづく「共感」と「課題の共有」なのである。すなわち校長や教師たちと子どもたちの悩みに対する「共感」から始まり、彼らとの対話による「ヴィジョンと課題の共有」

校内研修ー授業協議会の風景。

を行い、その課題を克服してヴィジョンを達成する「プロトタイプ（改革と実践のモデル）」を「提案」し「共有」する活動である。この一連のプロセスは「状況との対話」であり、当事者との「対話と協同」であり、それらを通じた「ヴィジョンと課題の共有」である。

　スーパーバイザーは何らかの「提案」を求められることになるが、私は「提案」は三つ以内に絞るようにしている。学校の改革を推進しようとすると、五つも六つも提案を行いたい衝動にかられるが、「明日からこのようにしてみませんか」という提案は三つ以内にしないと、校長や教師が創意的に実現させることは不可能だろう。私の場合、通常、一つの学校には年1回しか訪問できないので、1年先を見通して「提案」を三つに絞らなければならない。提案したい課題は20も30もあるのだが、その中から校長と教師全員が納得し共有できる課題三つを選び出すのは、多元高次方程式に「最適解」を探し出すような難解な思考を必要としている。この思考は複雑な文脈で複合的な探究を行う「デザイン思考」と言ってよいだろう。

最終的な「提案」は、「全教師が授業公開を年に最低1回は行うようにしましょう」、「今は学校全体の研究テーマを決定していますが、これからは個人別の研究テーマを設定することにしましょう」、「旧来の詳細な『授業指導案』は廃止し、A４で1枚のシンプルな『学びのデザイン』にしましょう」、「どの授業でも女子生徒の指名を6割にしましょう」、「『共有の学び』を25分以内に終え、『ジャンプの学び』にもっと時間をあてるようにしましょう」、「『最初のグループ活動は授業開始後5分以内に導入しましょう」などの三つである。三つの「提案」は、それを追求することで、それぞれの学校と教室が抱えている複合的な問題を構造的に解決する「最適解」になっているのである。

学びのイノベーションを推進する

スーパービジョンの中心的な仕事は校長と教師を「解放」することにある。校長も教師も「思い込み」や「捕らわれ」によってがんじがらめになっており、それによって学校改革や授業改革の壁を自分自身の中に抱え込んでいる。たとえば「静かに教師の話を聞いて板書をノートに写している生徒は学んでいる」というのは、多くの教師が抱いている「思い込み」の一つである。実際には生徒は何も思考していないし学んでもいない。それどころか、学校や教師に期待しなくなった現代の子どもたちは、かつてのように荒れたり教室からとび出すかたちで授業を崩壊させるのではなく、学んでいるふりをする「学びの偽装」によって授業を崩壊させている。静かに教師の話を聞き板書をノートに写している生徒たちの教室は、現在の「学級崩壊」と「授業崩壊」の典型的な風景である。

そもそも一斉授業によって、すべての生徒が夢中になって探究的な学びを行う教室は世界に一つも存在しない。一斉授業で質の高い学びが実現するという「思い込み」から教師と生徒を解放することは、学びのイノベーションが遅れている日本では特に重要だろう。

教師たちを束縛しているものとして、「いい授業をしなければならない」という「捕らわれ」も深刻である。「いい授業」を追求すると途端に、教師は子ども一人ひとりの学びが見えなくなる。「いい授業」を追求する限り、教師が子ども一人ひとりの学びに共感し寄り添うことはできないだろう。しかし、ほとんどの教師が「いい授業」の追求に「捕らわれ」ており、その「捕らわれ」によって自らを内側から束縛し、子どもの学びが見えなくなっている。この束縛から、教師はどう解放されるのだろうか。「いい授業」の追求から、子ども一人ひとりが主人公になった「質の高い学び」の追求へと、教師のメンタルモデルの転換を行うこと、これが学校改革のスーパーバイズの最初の一歩になるだろう。

創造的な教師は、子どもから学ぶことのできる教師である。どうすれば、子どもたち一人ひとりの個性的な学びの事実から学び、それら多様な学びを「質の高い探究と協同」の学びへと高めることができるのか。それを実現する学校は、教師たちの専門家共同体へと再組織しなければならないが、「官僚的分業主義の工場システム」としての学校はどのようにして専門家共同体へと再組織できるのか。専門家共同体としての学校は、教師たちが自律性と共同性にもとづいて実践と経験のリフレクションによって学び合う同僚性の構築によって実現するが、その改革をどう推進すればいいのだろうか。この改革を実現する校内研修の改革はどこから着手すべきなのだろうか。スーパーバイザーの役割と責任は大きい。

学校改革の地域連帯
——川口市の事例——

始まりが決め手

２０２２年度も連日、各地の学校と教育委員会を訪問してきた。なかでも印象深かったのは、川口市の学校である。映画『キューポラのある街』（１９６２年）の舞台となった川口市は、かつては「鋳物の町」として知られたが、１９７０年代に鋳物業は移転と廃業に追い込まれ、今は埼玉県人口第2位のベッドタウンに変貌している。学校数は小学校52校、中学校27校である。

川口市は困難を抱えた学校が多く、かねがね訪問したいと思っていた。その絶好の機会が4月に舞い込んだ。2月の埼玉県中学校長会の講演で、改革を推進したい学校があれば支援したいと最後に伝えたのが契機となった。１か月後、川口市で最も困難な子どもたちが通学する神根地区北中学校と安行地区安行中学校から支援の要請が届いたのである。

学びの共同体の改革は「破壊的イノベーション」（改善（持続的イノベーション）ではなく革命）によって始めなければならない。したがって、始まりが決定的に重要である。改革のヴィジョンと哲学を共有し、すべての教室すべての授業の改革を校長が提起し、全教師で一斉に改革を開始すれば、ほぼ確実に成功する。北中学校と安行中学校には、①拙著『学校を改革する―学びの共同体の構想と実践―』（岩波ブックレット）を教師全員分購入し配布すること、②すべての教室を男女混合4人グループの机配置にすること、③すべての授業を「共有の学び」（教科書レベル）と「ジャンプの学び」（教科書を超えるレベル）でデザインすること、④すべての教師が年間最低1回は授業を公開して学び合う計画を立てることの四つを年度当初から実施することを提案した。

これらの四つは改革を成功させる秘訣である。①はヴィジョンと哲学を共有する最も有効な方法である。ワンコインで買えるブックレットは教師全員の改革の指針として機能する。②の教室環境の改革は「21世紀型の授業と学び」のための必須要件である。③は質の高い探究と協同を実現し、④は一人残らず教師を改革の当事者とし、専門的成長を促進する条件である。特に②と③によって学びは激変し、子どもたちはケアの関係によって学びの主人公へと成長する。子どもたちの成長は教師たちの成長よりも速く進行する。その条件を整備することが改革の一歩となる。教師の成長を待っていては、どんな改革も実現させることはできない。

北中学校の岡安孝文校長、安行中学校の鈴木彰典校長のリーダーシップは素晴らしかった。4月7日、新年度の始業式直前に安行中学校で講演を行い、5月25日に北中学校を訪問して全クラス授業参観と授業協議会を行った。お二人の校長は、いずれも私が事前に伝えた提案のすべてを実施し、校内の改革の準備を整えていた。もちろん、どの教師も初めての挑戦であり、何もかも不安だったに違いない。そのことは講演後30近い質問が寄せられたことに表現されていた。しかし、改革に反対する教師は一人もいなかった。それだけ学校の現実が厳しかったのだろう。二人の校長は教師たちの合意をつくりだしただけではない。すべての教師が各地の学びの共同体パイロット・スクールを訪問する計画も立案した。さらに岡安校長は、神根地区小中学校9校すべての校長および他地区の校長たちとのネットワークも形成した。北中学校の第一回研究会には、神根地区すべての校長が参加した。8月の夏休みには神根地区のすべての教師を対象とする学びの共同体の講演会が開かれ、9月から9校すべてで改革が開始された。すべて予想を上まわる改革のスタートとなった。

北中学校の改革

5月25日、北中学校を訪問した。最初に驚いたのは、教室内の廊下側が暗いことだった。何と廊下側は壁になっていて潜水艦の窓（鉄棒で囲った小さい丸い窓）が五つほど取り付けてある。この風景からも同校がいかに厳しい学校であったかを知ることができる。

しかし教室の雰囲気は明るかった。すべての教室が男女混合4人グループで配置され、生徒たちの学びには「激変」が起こっていた。教師たちは「わずか1か月なのに、生徒の学びは激変し、机に突っ伏す生徒がいなくなった」と語っていた。想定していた変化だが、教師たちには新鮮な驚きである。すでに生徒たちは急速な成長を遂げつつあり、教師たちもその変化を確信していた。このスタートなら後退することはない。

私は講演で、「学びの共同体」の原理と方法について具体的事例を示して説明した。講演の目的は一つ。教師たちを思い込みや捕らわれから解放することである。教師たちを束縛し頑なにしているのは、文部科学省でも教育委員会でもなく、教師自身の思い込みや捕らわれである。その最たるものは「教師が教えたら生徒は学んでいる」「注意すれば生徒は良くなる」などだろう。それらの思い込みや捕らわれから自由になったとき、教師たちはありのままの子どもを受け入れて授業を創造的にデザインし、教師としての在り方を問

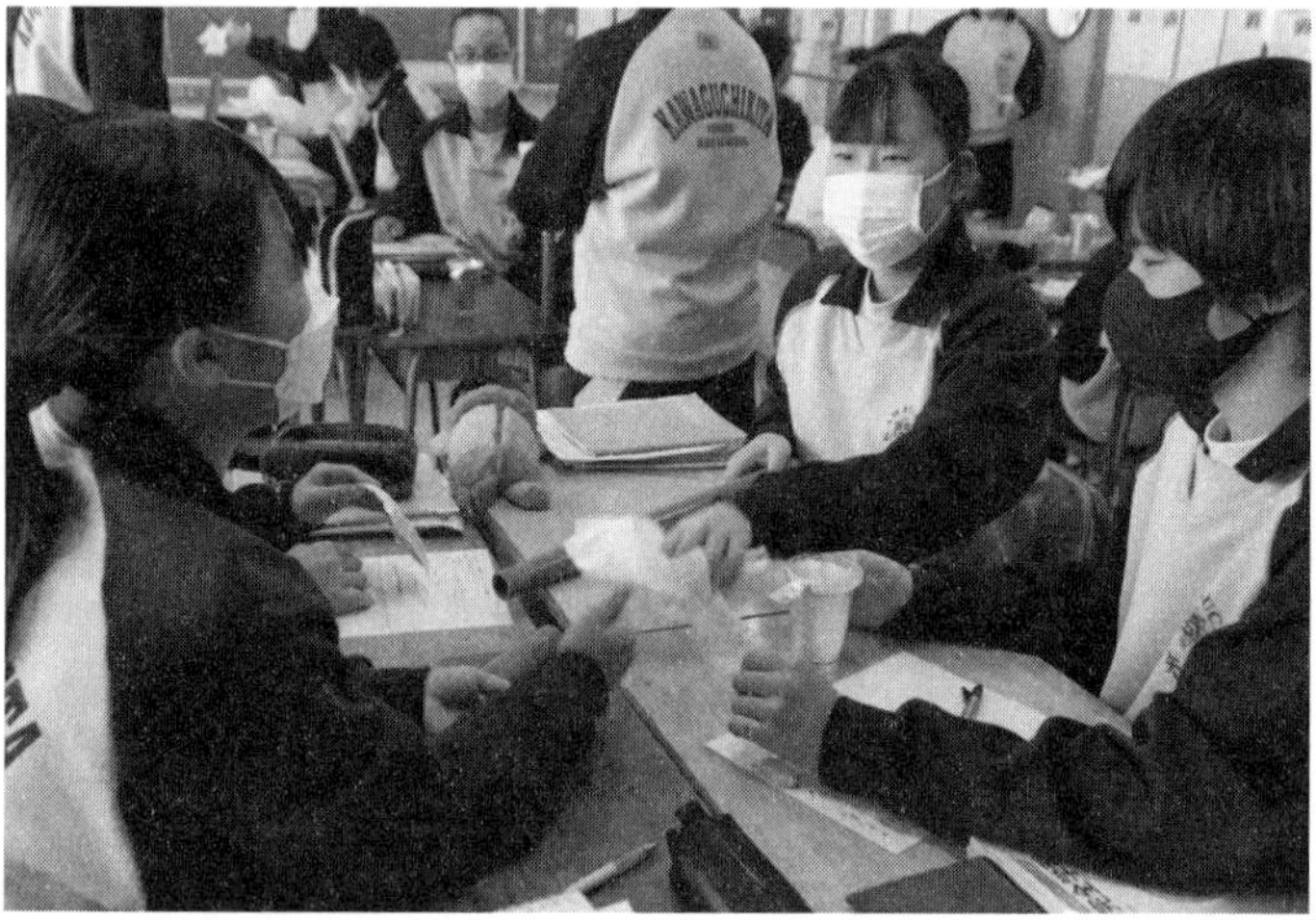

学び合う川口市北中学校の生徒たち。

い直して、子どもや同僚との新しい関係を築き始める。学びの共同体のヴィジョンと哲学と活動システムは、それを可能にしている。研究会終了後の職員室の明るい笑い声は、教師たちが一つ解放されたことを物語っていた。その姿を確認した岡安校長はただちに、1月23日に予定されている市指定公開研究会のテーマを「学びの共同体の研究」へと変更した。

その1月23日、北中学校の公開研究会に参加した。すべての教室の子どもたちの学びとすべての教師の授業を参観した。素晴らしいの一言である。一人の生徒も独りになっていないし、どの生徒も夢中になって学びに参加している。どの授業も「共有の学び」と「ジャンプの学び」でデザインされ、どの教室においても探究と協同の学びが実現していた。昨年度まで深刻な問題行動は年間50件に達して保護者の呼び出しが続いたが、今年度は1件も発生せず、不登校の数も半減し次年度は4分の1になるという。

改革のさらなる前進へ

北中学校で教師たちと私が最も深い感銘を受けたのは勝俊（仮名）の変化である。勝俊は、私がこれまで出会った生徒の中で最も厳しい境遇を生きてきた生徒の一人である。勝俊は少し気に障ると教師や生徒に暴力をふるい、器物を破損し、攻撃的な暴言を放っていた。机には10分もじっとしていない。そうなった勝俊の境遇を聞いて、私は涙がこみあげてきた。これほど壮絶な不幸を体験した生徒が他にいるだろうか。その勝俊が学びによって激変した。学びは、子どもの人権の中心であり生きる希望の中心なのである。

公開研究会の日、勝俊は理科室でグループの仲間とともに「ジャンプの学び」にとりくんでいた。勝俊は、仲間との実験に成功し、他の誰より歓んでいた。突然30人以上の参観者の中から私を見つけ出し、「アインシュタイン」と呼んで駆け寄ってきて、歓びの握手を求めてきた。またしても涙がこみあげてきた。この確かな手ごたえが、教師たちの日々の改革を支えている。

約10日あとの2月1日、北中学校区の神根小学校（赤羽広美校長）を訪問した。川口市内で最も厳しい子どもたちが通う小学校である。9月から改革を全教師で開始し、わずか5か月しか経ていないが、著しい変化が生まれていた。赤羽校長は「子どもたちが優しくなった」「授業で眠ったり学びを諦める子どもがいなくなった」「授業中にも校門前に10人ほどがたむろしていたが、今は一人残らず教室で授業に参加するようになった」と語る。

翌2月2日、川口市校長会の招待で「学びの共同体の改革」の講演を行った。北中学校、安行中学校、神根中学校、神根小学校の実績を踏まえた講演になった。私の講演に先立って北中学校の岡安校長が改革の実践報告を行った。私の講演の必要がないほど、具体的事実と教育的識見にもとづく素晴らしい報告だった。

2月17日には安行中学校、2月20日には神根中学校（松村一人校長）を訪問した。安行中学校では4月の始業式前、神根中学校では8月の夏休みに講演を行ったが、教室で授業を参観するのは初めてである。安行中学校は4月から改革を開始したので10か月を経過し、学校全体が穏やかで明るい学びで包まれていた。神根中学校も、北中学校以外の神根地区の8校と同様、改革を開始したのは9月以降であり、教師たちはジャンプの学びの進め方や評価について疑問は抱きながらも、生徒たちの著しい変化に励まされていた。両校とも次年度は、さらなる展開を遂げるだろう。

北中学校、安行中学校、神根中学校には共通した特徴がある。男子生徒たちがとても優しく、女子生徒たちが伸び伸びして輝いている。生徒たちを目の当たりにして、映画『キューポラのある街』の主人公ジュン（吉永小百合）が中学3年生であったことを思い出した。吉永小百合が演じたジュンの真摯に生きる輝きが、60年の歳月を超えて今、これらの中学校で蘇っている。

川口市には、神根地区、安行地区のほかにも仲町中学校（中島俊幸校長）など、学びの共同体の改革に着手した学校はいくつも存在する。岡安校長、鈴木校長、松村校長、赤羽校長、中島校長らは、それらの校長たちと改革のネットワークを組織したという。今後の展開が愉しみである。

第二部

学びのイノベーションの理論と提言

学びのイノベーションはなぜ必要か
―21世紀型の授業と学びへ―

21世紀型の授業と学び

世界各国の学校が「21世紀型の授業と学び」への静かな革命を起こしたのは1990年代であった。ベルリンの壁の崩壊（1989年）後、グローバリゼーションの大規模な進展によって、どの国も産業主義社会からポスト産業主義社会（知識基盤社会）へと移行して労働市場が激変し、農民や工場労働者など単純労働者の効率的養成システムであった学校教育の様式が根本的に見直されることになった。この歴史的転換を最も象徴するのが、教師中心の一斉授業の様式から学習者中心の探究と協同の様式への変化である。

教師中心の一斉授業の様式は、どの国においても約150年前に成立した。国民国家の確立と産業主義社会の推進が、一斉授業の制度化の二大要因であった。しかし、1990

年代以降、一斉授業を支えた二つの基盤は崩壊し、世界の学校はポスト産業主義の社会（知識基盤社会）にふさわしい「21世紀型の授業と学び」へと転換を遂げたのである。

その結果、黒板に向かって子どもが前向きに並んだ伝統的な教室は世界中から姿を消し、小学校1、2年はコの字型（あるいは円座）による全体の学び合いとペア学習、小学校3年以上高校3年までは、男女混合4人グループの教室配置で探究と協同の学びを推進する様式へと変化したのである。

学校と教室のイノベーションへ

「21世紀型の授業と学び」においては、教師の役割も根本的に変化した。1980年代まで、世界の教師たちは「教える専門家（teaching professional）」であった。教師たちは100年以上にわたって、指導案と発問計画と板書計画を準備し、教師が中心になって説明と発問と指名と板書を行ってきた。口で仕事をしていたのである。1980年代に実施された調査では、どの国でも1時間の授業の8割は、教師が話していた。

しかし「21世紀型の授業と学び」を推進する現代の教師たちはほとんど話していない。授業時間の8割は子どもたちによる協同的な思考と探究の活動にあてられている。「21世紀の教師」は、「教える専門家」から「学びの専門家（learning professional）」へと変化したのである。

「学びの専門家」としての教師は授業における役割も変化させている。「21世紀型の授業と学び」を推進する教師は、「学びの課題のデザイン」「探究と協同のコーディネーション」「学びのリフレクション（観察と判断）」の三つを中心に活動している。すなわち現代の教師は、学びのデザインとコーディネーションとリフレクションの専門家なのである。

授業研究のイノベーション

約30年前に世界中で起こった「19世紀型の授業と学び」から「21世紀型の授業と学び」への転換は、授業研究も変化させた。かつての授業研究は、教材研究→指導案づくり→発問と板書の計画→実地授業→指導案の検証を行う授業協議会という様式であった。その目的は「授業の改善」であり「授業技術の向上」であった。

この伝統的な授業研究は、今から90年前の昭和10年代に学校現場に普及した様式であり、それが何ら変化することなく、現在まで続いている。私が琵琶湖周辺の学校の土蔵で発見した「校内研修記録簿」（昭和10年―12年）によると、4月に研修部が組織され、研修部が年間3回の若手教師による研究授業を計画し、毎月の研修部の会議で教材研究、指導案づくり、発問と板書計画が議論され、提案授業が行われる。提案授業の後の協議会では「良かったところ」「悪かったところ」が参観した教師たちから指摘され、授業の「評価」と授業者への「助言」が行われる。現在、多くの学校で実施されている授業研究は、90年前と同じスタイルである。これでは授業と学びのイノベーションも教師の専門家としての成長も達成しようがない。

学びの共同体の学校改革における授業研究は、従来の様式とは根本的に異なっている。目的は「授業の改善」でも「授業技術の向上」でもなく、「一人残らず子どもたちの学びの権利を実現し、学びの質を高めること」と「校内に教師たちが専門家として学び合う同僚性を築くこと」の二つに求められている。観察と協議の焦点は「教師の教え方」ではなく「子どもの学びの事実」であり、参観者が学んだことを交流して、決して「評価と助言」は行わない。協議会においては、全員の教師が一言は発言することをルールとしている。さらに、教師全員が毎年それぞれの「個人研究テーマ」を設定し、年間に最低1回は同僚に授業を公開して学び合う体制を築いている。

「21世紀型の学校」は、子どもたちが学び合う場所であると同時に、教師たちも専門家として学び合う場所であり、保護者や市民も改革に参画し協力して学び合う場所である。その中核に教師たちの学び合う専門家共同体（professional learning community）が築かれなくてはならない。

学びの再定義へ

ひるがえって、学びの本質はどこに求められるだろうか。学びは最も狭く定義すれば「知識と技能の獲得」であるが、それにとどまるものではない。

学びの概念を探るうえで、「學」という漢字の字源は示唆的である。字源の研究者である白川静は、「學」の冠の二つの「メ」の上の「メ」は祖先の霊との交わり、下の「メ」は仲間との交わりを示し、その両脇の形はこの二つの交わりを支える教師の両手を示しているという。祖先の霊は文化財と言ってよいだろう。教師に支えられて文化財と交わり仲間と交わるところに学びは成立している。

学びはしばしば既知の世界から未知の世界への旅に譬えられる（Learning is a journey from known world to unknown world）。私たちは学びの旅を通して、新しい世界と出会い、新しい他者と出会い、新しい自己と出会い、それらと対話して新しい世界と新しい社会と新しい自分を創造する。したがって学びは、対象世界との対話（世界づくり）、他者との対話（仲間づくり）、自己との対話（自分づくり）の三つが統合された対話的実践である。学びはこの三つの出会いと対話による「意味と関係の編みなおし」（retexturing of meanings and relations）なのである。

これまでのパンデミックの歴史が示すように、新型コロナの収束によってもとの社会に戻ることはありえない。新しい社会、新しい教育、新しい学校を創造しなければならない。その現実へと立ち向かうとき、私たちはもう一度、学びとは何なのか、これからの時代に求められる学びはどういう学びなのか。子どもたちの現在から将来にわたる幸福を実現する学びは、どういう学びなのかを問い直す必要がある。これからの時代を生きる子どもたちに最小限必要なことは、学びが大好き、探究が大好き、協同が大好きで、生涯を通じて学び続けることができることだろう。子どもたちの幸福を実現するためにも私たちは、学びのイノベーションに挑戦し続け、学びのリ・イノベーションへの道を開かなければならない。

学びの環境と関係のイノベーション

教室環境の改革は必須要件

　学びのイノベーションを推進するうえで、教室環境の改革は必須要件である。19世紀型の教室で「21世紀型の授業と学び」を実現することは不可能である。一斉授業の机の配置で、どの子も学びに夢中に参加する授業、質の高い探究と協同の学びを実現している教室は世界中探しても見出すことはできないだろう。60年前にも洗濯機があり、冷蔵庫もあったことをご存じだろうか。現在、60年前の洗濯機や冷蔵庫を使うだろうか。教室も同様である。40年も50年も前の教室で、子どもたちが夢中になって学ばないのも質の高い学びが成立しないのも当たり前のことだろう。

　しかし、一斉授業の教室配置の「19世紀型教室」は、今も残存している。世界的に見ると、「19世紀型教室」が今なお支配的なのは、北朝鮮、中国農村部、ベトナム、日本、そしてアフリカ南部である。このように列挙してみると、社会主義国において「19世紀型教室」が頑固に残っていることがわかる。中国の場合は、一教室当たりの生徒数が世界一多い（日本は世界で3番目に多い）ことが「21世紀型の教室」への移行を妨げている（ただし、現在、北京や上海の教室の児童生徒数は30名に改善されている）。

どの国の教師も「教え方」については保守的であり、自分が子どものころ体験した授業スタイルを容易には変更しようとしない。にもかかわらず、世界の大半の国の教師たちは30年前、「19世紀型教室」から脱皮して「21世紀型教室」への移行を実現した。学びのイノベーションは、どの国においても子どもたちの将来とその国の経済の発展に決定的に重要であったから、政府もかなり強制的な態度で教師たちに改革を迫った。たとえば、イギリスは１９９０年代に政府から3度も教室環境を改革する命令を出し、小学校から高校まで「21世紀型教室」への移行を行った。ノルウェーでは一つの授業で教師の発話時間が10分以上だと、給与段階を下げるペナルティを科して「21世紀型の授業と学び」を実現した。もちろん教師の自主性を尊重してこの転換を実現した国も多い。１９９０年代のカナダ、オーストラリア、ニュージーランド、２０００年代のシンガポールと香港、２０１０年代の韓国、台湾などがそうである。

日本は中国や北朝鮮やベトナムなどの社会主義国ではないのに、今なお「19世紀型教室」が多く残存している。２００３年に実施されたＯＥＣＤの学びの様式に関する調査結果を見ても、調査対象国四十数か国の中で、日本は「探究」の学びにおいて最下位、「協同」の学びにおいて最下位から2番目（最下位は韓国）であった。その後10年間、韓国では学びの共同体が爆発的に普及し、17人の教育監（教育長）のうち15人が学びの共同体を推進したので、日本は「協同」においても最下位に転落した。「21世紀型の学び」への移行において、日本は北朝鮮や中国と並んで25年以上遅れている。

なぜ、日本は「21世紀型の教室」への移行において、25年以上も遅れてしまったのだろうか。その最大の要因は、この移行が世界各国で急激に進行した30年前、日本経済は世界一好況であり、政府にも国民にも文部科学省にも危機感がなかったことにある。30年前は世界トップ企業30社中21社が日本企業であり、当時のバブルで浮いたお金だけでアメリカ全土が買えたほど日本は裕福だった。経済に対しても教育に対しても危機意識がなかったのである。現在はトップ50社中49位にトヨタ1社があるのみで、日本のＧＤＰ成長率は世界１５７位に転落している（２０２１年）。この30年間、日本は政治も経済も外交も産業も教育も何らイノベーションを行わなかった結果、凋落の一途をたどっている。教室の環境、授業と学びの様式も例外ではない。

教室環境の改革はイノベーションの第一歩

19世紀型教室による一斉授業は、単純労働者の効率的な養成システムであった。しかし、ベルリンの壁の崩壊によって産業主義の時代は終わり、ポスト産業主義の時代に突入し、世界中の単純労働の市場は激減、労働市場の大半は知識労働と高度の専門的サービスへと転換した。「19世紀型の教室」の一斉授業で教育された子どもたちは、失業状態に陥るか低賃金の非正規雇用の仕事に就くしか道はなくなり、その国の経済は凋落してしまう。実際、その後の日本の経済と若年労働者たちは、最悪の事態に直面したのである。

文科省も、この危機を認識し「アクティブ・ラーニング」(主体的・対話的で深い学び)で対応しようとしたが、その改革は世界と比べて25年遅れており、しかも「主体的・対話的で深い学び」の新学習指導要領の全面実施の年に新型コロナ・パンデミックが襲い、日本中の学校は一斉授業に戻されてしまった。

ただちに「19世紀型教室」から脱して「21世紀型の教室」に移行しなければならない。具体的には、次ページの図で示した通り、授業の最初から最後まで男女混合4人グループの机の配置にして授業と学びを推進すべきである。この教室環境のイノベーションを行わ

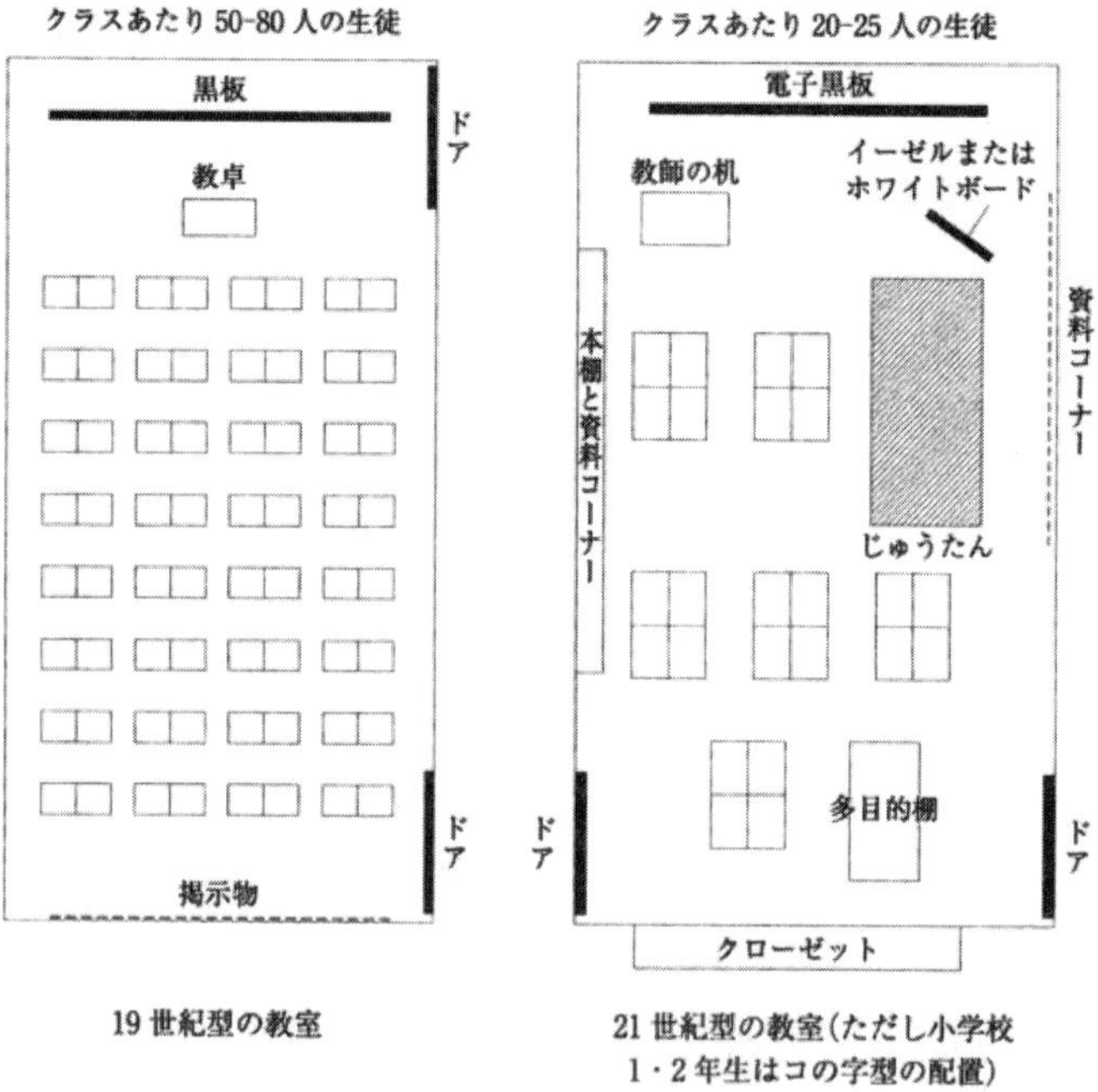
クラスあたり50-80人の生徒
黒板
ドア
教卓
ドア
掲示物
19世紀型の教室
クラスあたり20-25人の生徒
電子黒板
教師の机
イーゼルまたは
ホワイトボード
資料コーナー
本棚と資料コーナー
じゅうたん
多目的棚
ドア
ドア
クローゼット
21世紀型の教室（ただし小学校
1・2年生はコの字型の配置）

教室の変化（著者作成）

ない限り、学びのイノベーションは始めようがない。それでもなお「19世紀型の教室」に固執する教師がいるとすれば、その教師たちは子どもたちの将来の幸福と日本社会の未来を奪っていることを自覚すべきだろう。

小学校1、2年生はコの字型とペア学習

男女混合4人グループの教室環境は「21世紀型の授業と学び」の必須条件だが、小学1、2年の教室だけは別の教室環境が必要である。私はこれまで33か国の700校以上の学校を訪問し改革を支援してきたが、どの国も小学3年以上高校3年までは男女混合4人グループの配置だが、小学1、2年生の教室は別の教室環境を準備している。欧米諸国で一般的なのは教室の前に絨毯が敷いてあり、そこに教師も子どもも円座で座って全体の学び合いを行い、机に戻ってペア学習を行う方式である。しかし、この方式を日本やアジア諸国で行うのは難しい。欧米諸国の小学1、2年生は通常一クラス20名以下であり、30名以上の日本やアジア諸国では円座で子どもの集中を持続させることは難しい。日本やアジア諸国では北欧諸国のようにコの字型配置で全体の学びを行い、そのままの配置でペア学習を行うのが妥当である。

小学校低学年の教室（コの字型配置による全体の学び合いとペア学習）。

なぜ、小学1、2年生で4人グループの配置にできないのだろうか。そこには発達段階の問題がある。言語はコミュニケーションの道具としての「外言」と思考の道具としての「内言」があるが、子どもの言語の発達は「外言」が先行し、「内言」は遅れて発達する。したがって、小学1、2年生の子どもは「一人で学ぶこと」も「グループで学ぶこと」もできない。小学1、2年生の子どもに「一人で考えて」と指示すると、何もできず呆然としてしまう。「グループ学習」を指示すると、お互い言いたいことだけを言って学び合いにはならない。「内言」が未発達であることの結果である。同じ理由で、小学1、2年生の子どもは二人一組のペア学習は大好きである。

自分との対話を相手に投影することで活性化しているのである。

さらに小学1、2年生の子どもは「教師とつながる」「ペアでつながる」「全体でつながる」という三つのつながりがあることで安心して学びに専念することができる。したがって、小学1、2年生はコの字型配置で全体の学び合いと二人一組のペア学習が最適なのである。

日本の多くの教師が、小学1、2年生を前向きに向かせて一斉授業を行っているが、ただちに「21世紀型の授業と学び」に転換すべきである。小学1、2年生を担任した教師は、子どもたちの統制がきかなくなることを恐れて、一斉授業を行ってしまうのだが、そこには二つの大きな問題がある。一つは学力が低下することである。一斉授業を行う限り学力の向上は期待できない。もう一つは、小学1、2年生で一斉授業を行うと、子どもの社会性と協同性が育たないため、小学3年以上で学級崩壊を起こしてしまう。小学3年以上で学級崩壊を起こした子どもたちは、ほぼすべて小学校1、2年の時に一斉授業を受けた子どもたちである。

小学校の授業改革で最も重要で最も難しいのが小学校低学年の授業改革である。ぜひ、どの小学校でも「21世紀型の授業と学び」の実現を小学1年生から開始していただきたい。

どのグループ学習が有効か

グループ学習の三つの類型

グループ学習の用語は混乱を極めている。「班学習」「集団学習」「協力学習」「協同学習」「協働学習」「協調学習」など多数の言葉が氾濫し、それぞれ何がどう違うのか曖昧なまま、実践が行われている。この混乱は、それぞれの用語のもとの英語に立ち戻れば、三つの異なるタイプにすっきり分類することができる。もとの英語は collective learning と cooperative learning と collaborative learning であり、それぞれ異なる性格と背景と理論を有している。

「班学習」と「集団学習」は collective learning である。この方式は、1930年代ソ連、アメリカのニューディール政策、日本の大政翼賛運動における「集産主義」(collectivism)

を基礎としている。このグループ学習の特徴は通常6人で組織し、リーダーを決め、班全体で一致する意見をまとめ、しばしば班競争が推奨される。学びの主体は集団（班）であり、活動単位も集団である。「班学習」「集団学習」はロシア、中国、日本、ベトナム、メキシコ、北朝鮮など少数の国で普及した。いずれもソ連が淵源である。ソ連ではスターリンの5か年計画により、農場ではコルホーズ、工場ではソホーズ、少年団はピオネールの6人班のグループで組織された。この方式が日本には1930年代に転向マルクス主義者の「生産力理論」によって工場と学校に導入され、大政翼賛運動によって普及した。

ちなみに大正新教育（1917年頃から1930年頃）の時代、日本は「協同学習」が普及した有数の国の一つであった。当時の教室写真を集めると、ほぼすべて4人グループの「協同学習」である（例外は及川平治の「分団式動的教育法」で、アメリカの効率主義の方式を導入し、6人グループで能力別に組織された）。大政翼賛運動が4人グループの「協同学習」を6人グループの「班学習」「集団学習」に変貌させたのである。

6人グループの「班学習」「集団学習」は、戦後も学校と工場でそのまま継承された。「日本型生産システム」として世界に知られた「トヨタ方式」も大政翼賛運動で成立し、戦後継承された方式である。

6人の「班学習」「集団学習」は学力の低下を招くので実施してはならない。TIMSS

調査を見ると、日本で6人班が一般的だった1995年調査では、グループ学習が活発であればあるほど学力は低く、4人グループが広く普及した2015年調査では、逆にグループ学習が活発であればあるほど学力が高くなっている。6人班のグループ学習は学力を低下させ、4人のグループ学習は学力を向上させるのである。

他方、cooperative learning と collaborative learning はどの国でも活況を呈している。この二つの英語 cooperation と collaboration は、英和辞書でどちらも「協同、協力、共同」と表現されているため、違いがわかりにくい。しかし、この二つの英語はそれぞれまったく異なる意味である。英語の cooperation は、お互いの足りないところを補い合って協力して作業することであるのに対して、collaboration は多様な人々が力を合わせて新しいものを創造することを意味している。すなわち cooperation は「協力」であり、collaboration は「協同（もしくは協働）」である。この語義の違いが、cooperative learning と collaborative learning の根底に横たわっている。

世界で最も普及しているのは、cooperative learning である。この方式を私は、英語の語義に即して「協力学習」と訳している。この方式は1950年代以降、アメリカの社会心理学者たち（ジョンソン兄弟、R・E・スレイヴィンなど）が提唱し成立した。その前提は「個人よりもグループの方が生産性が高い」と「競争的関係よりも協力的関係の方が生産性が高い」という二つの原理である。ジョンソン兄弟は、この二つの問題に関するそれぞれ過去100以上の心理学実験調査の研究論文をメタ分析して二つの原理を実証している。学校でも工場でも「協力」こそが、生産性を高める要件だという。年配の教師ならば「バズ学習」という教育用語をご存じだろう。ミツバチが集団で騒ぐ音を「バズ」というが、子どもたちが「バズ」のように騒々しく話し合う学習を示す用語である。この「バズ学習」が cooperative learning の出発点となった。

「協力学習」の特徴は、グループ学習を協力で基礎づけていること、話し合いと教え合いを学びの中心にしていること、グループの成員がそれぞれの責任を遂行していること、したがってしばしば役割分担が行われることなどである。「協力学習」が多様ではあるが、アメリカをはじめとして諸外国で最も普及している要因は、方式や技術として定式化されており、どの教師でも容易に実践することが可能だからである。

このcooperative learningは、日本では「協同学習」と翻訳されて普及してきた。この英語の用語は「協力学習」と訳されるべきで、「協同学習」は誤訳とは言えないが、厳密には誤っている。この用語を日本に導入した教育心理学者は、すでに定着していた「協同学習」という言葉を使って、この方式を表現したのである。その結果、現在に至る数々の混乱を生じさせることとなった。その後教育心理学を研究する人々は、collaborative learningを翻訳するとき、cooperative learningとの差異を明確にするため「協同学習」とは別の用語を使わざるをえなくなり、collaborative learningの訳語として「協調学習」が現れ「協働学習」が現れたのである。

私は教育学者なので、collaborative learningの訳語として大正期以来の「協同学習」を使用している。他方cooperative learningの訳語は「協力学習」を使っている。したがって「協調学習」「協働学習」と呼ばれているものは、私が「協同学習」と呼んでいるものと同じcollaborative learningなのである。

この「協力学習」を私は否定はしないが、推奨はしない。教科の内容を無視した一般方式であること、そのため実践は容易だが、学力向上に限界があり、学力の上位者と下位者の格差が拡大する傾向があるからである。

それではcollaborative learningとしての協同学習は、どのような性格のグループ学習であり、どのような理論にもとづいているのだろうか。先述のcollective learning（班学習・集団学習）、cooperative learning（協力学習）と、collaborative learningとの決定的な違いは、前の二つが方式であるのに対して、collaborative learningは理論であり哲学であることにある。事実、collaborative learningに関する文献には方式や技術はほとんど記されていない。そこにあるのはレフ・ヴィゴツキーの発達理論（発達の最近接領域）であり、ジョン・デューイの認識哲学とコミュニケーション哲学である。学びのイメージも共有されている。学びの主体は集団ではなく個人であり、学びは「話し合い」ではなく「聴き合い」（対話）、「教え合い」ではなく「学び合い」であり、文化共同体への参加と創造に求められている。

学習指導要領は collaborative learning の訳語として「協働学習」をあてている。「協働」という言葉は、もともと阪神淡路大震災以後、地方自治体の町づくり運動で生まれた日本語である。この共同体づくりで成立した「協働」という言葉が教育用語の「協働学習」へと援用されたのである。

協同的学びの理論 ―ヴィゴツキーの発達の最近接領域―

協同学習は理論である。協同学習を成功させるためには、その理論を基礎づけているヴィゴツキーの発達の最近接領域（zone of proximal development, ZPD）について理解しておく必要がある。

ヴィゴツキーの発達の最近接領域の理論については、いくつかの解釈の相違が生まれてきた。最も普及している解釈は、発達の最近接領域を「教育（教授）と発達の関係」の理論と理解し、発達における教授（教育）の主導性を示すとする解釈である。この解釈は、旧ソ連の教育学の解釈であり、日本でも『思考と言語』（柴田義松訳）もこの解釈を踏襲している。他方、発達の最近接領域をアメリカに紹介したマイケル・コールは「学習と発達の関係」と翻訳し、教授の主導性ではなく学びの主導性を示すものとして解釈している。私も、マイケル・コールと同意見である。

なぜ、このような根本的な解釈の対立が生まれたのだろうか。一つの要因はロシア語「обшение（オブチェーニエ）」の解釈にある。この言葉は「教師が教える」と「子どもが学ぶ」の二つの意味を併せ持った言葉であり、「教授―学習」と訳されるのが一般的である（古代ギリシャ語と中世ヨーロッパ言語には能動態と受動態を併せ持った中動相の言語が多い）。オブチェーニエという言葉もその一つであり、語源においては「教授」よりも「学習」を意味する言葉であった。ヴィゴツキーが児童学研究者であったこと（そのためスターリン主義のもとで論文も著書も公刊を禁じられた）、さらにヴィゴツキーの学習と発達の研究の中心が、発達を学習に還元する行動主義心理学と学習を発達に還元するゲシュタルト心理学の両者を批判して、学習と発達の独自性と相互関係の解明にあったことを考えれば、オブチェーニエの「教授―学習」は「学習」を中軸に含意する言葉であったと理解するのが妥当だろう。ヴィゴツキーのオブチェーニエを端的に言えば、教師が指

ヴィゴツキーの発達の最近接領域

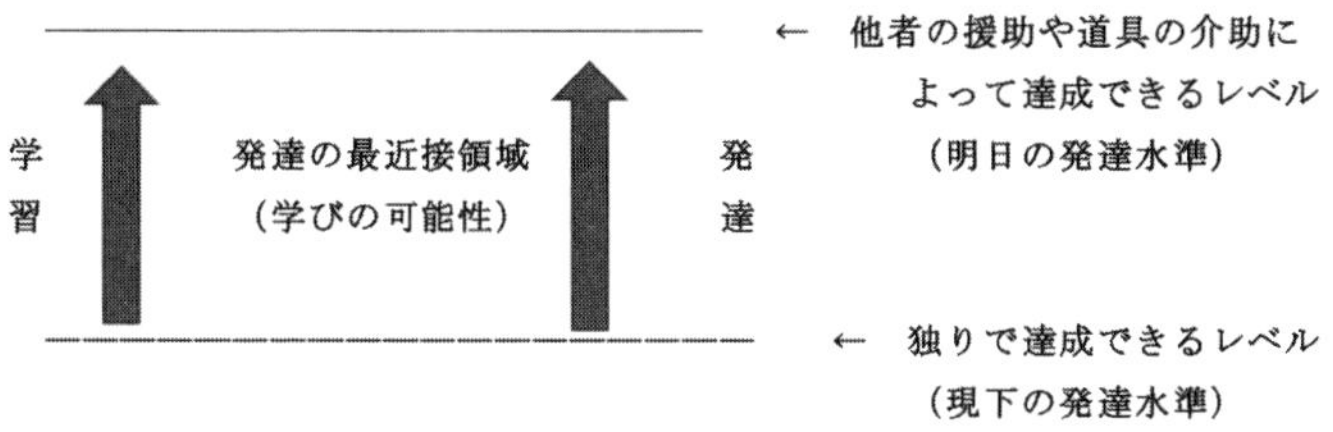

導している教室の子どもの学びを意味していたと理解すべきだろう。

発達の最近接領域を「教授と発達の関係」ではなく「学習と発達の関係」として定位したうえで、この概念が協同的学びの理論の基礎になっていることを示そう。

発達の最近接領域は、独りで達成できるレベルと他者の援助や道具の介助によって達成できるレベルとの間の領域を意味している。すなわち、発達の最近接領域は上の図のように表すことができる。

この図において下のラインは、子どもが独りで達成できるレベルを示し、上のラインは、子どもが他者（教師や仲間）の援助や道具の介助によって達成できるレベルを示している。子どもはすでにわかっていることやできることを学ぼうとはしない。つまり下のラインより下のレベルの事柄は学ぼうとはしない。逆に、子どもは他者の援助や道具の介助によっても達成できないレベル、つまり上のラインよりも上の事柄も学ぼうとはしない。すなわち、学びは発達の最近接領域において生じている。

ここから次の二つのことが指摘できる。一つは、学びは独りでは成立しないことである。独りで学ぶとすれば、わずかしか学ぶことはできず、図の下のラインで堂々巡りをしてしまうだろう。学びは他者との協同によって成立する。

もう一つは、学びが最も効果的に実現するレベルは図の上のラインであることである。子ども一人ひとりの発達レベルに合わせた教育、つまり下のラインに合わせた教育は最も効果が乏しい。したがって、学びの課題のレベルは他者との協同や道具の介助によって達成できる上のレベルに合わせて設定されるべきである。

この図で示されるように、子どもの学びと発達は2段階で進行する。第一段階は協同の学びにおいて、第二段階は個人の学びにおいてである。ヴィゴツキーは、子どもの発達は最初に「社会的関係」(他者との協同)に起こり、次に「心理的関係」(個人内部)に起こると述べている。この関係は逆ではない。他者との協同で達成した学びと発達が、「明日の発達水準」において個人の学びと発達に達するのである。

教室の子どもの学びにおいて発達の最近接領域の理論をどう具現化すればいいのだろうか。その認識と判断は、決して難しいことではない。子どもが学びに夢中になって没頭するとき、その学びは発達の最近接領域で遂行されていると判断できる。子どもが学習課題に対して専念せず、おしゃべりが出るようなときは、課題のレベルが低すぎるのである。子どもは「わかりそうでわからない課題」に夢中になって挑戦する。この図で言えば、上のラインに近づけば近づくほど学びに夢中になる。授業において、教師は子どもの学びをこまやかに観察し、協同的学びの課題をデザインする必要がある。

さらに言えば、発達の最近接領域の帯の範囲は社会的文化的文脈によって決定づけられている。子どもたちが安心して学べる環境と関係、一人も独りにしないケアの関係が築かれている教室では、発達の最近接領域は拡大している。逆に、協同の関係ではなく競争の関係で組織されている教室、教師中心の授業の教室では、発達の最近接領域は縮小している。

ヴィゴツキーの発達の最近接領域は、協同的学びにとって必須の概念である。しかし、発達の最近接領域には、検討すべき課題も残されている。たとえば、この理論に従えば、子どもの学びは有能な他者との協同によって有効であることになるが、実際はそれほど単純ではない。より学力の低い子どもとの協同によって、より高い学力の子どもの学びの質が高まることは、しばしば見られる現象である。発達の最近接領域は、協同的学びにとって必須の理論であるが、教室で生じている学びはより繊細で複雑な出来事なのである。

学びをデザインする
―共有の学びとジャンプの学び―

デザイン思考による学びの改革

プラン（計画）によって遂行される教育実践とデザインによって遂行される教育実践とは、目的も論理も方法も異なっている。プランは実践の前に決定され、実践はプランに沿って遂行される。それに対して、デザインは「状況との対話」（ドナルド・ショーン）であり、実践の前にも実践の過程においても修正され、その変化するデザインにもとづいて実践が遂行される。プランを決定づけるのは「目標」である。したがって、「目標（計画）―達成―評価」のサイクルによるプログラム実践であり、評価は目標の達成度で示され、実践の研究は仮説検証型で遂行される。それに対して、デザインを決定するのはヴィジョンである。どんな授業を創造したいのか、どんな学びを実現したいのかというヴィジョンが授業と学びのデザインを導いている。したがって、「デザイン―実践―リフレクション」のサイクルによるプロジェクト実践を構成している。

このように、プランによる実践とデザインによる実践は、その様式も論理も言語も異にしている。プランによる実践は目標達成の技術的実践であり、デザインによる実践はヴィジョンを追求する反省的実践である。学校教育は制度的実践である以上、プログラム実践（技術的実践）として組織されているが、教師たちと子どもたちが求めているものはデザインにもとづくプロジェクト実践（反省的実践）であろう。さらに言えば、プランによる実践はモノの生産労働に適しており、デザインによる実践は文化的社会的活動に適している。

21世紀型の授業と学びにおいて、プラン中心の授業と学びからデザイン中心の授業と学びへの移行が生まれていることは必然的である。21世紀の社会においては、学びの効率性よりも、創造性と探究と協同の学びの方が価値が高いからである。日本では今なお指導案（プラン）づくりによる授業実践と授業研究が支配的だが、今後はデザイン思考にもとづいて「デザイン―実践―リフレクション」のサイクルで授業と学びを創造するイノベーションを遂行すべきだろう。

共有の学びとジャンプの学び

学びの共同体の実践では、デザイン思考にもとづいて「学びのデザイン」の研究を推進してきた。1時間の授業を「共有の学び」（教科書レベル）と「ジャンプの学び」（教科書以上のレベル）の二つでデザインする方式である。通常の授業では30分を経過すると3分の2の子どもたちは理解して学びを終えており、3分の1の子どもたちは諦めている。この現状を克服し、すべての子どもが授業の最初から最後まで夢中になって学び続ける授業を実現するためには「共有の学び」と「ジャンプの学び」の二つで学びをデザインしなければならない。「ジャンプの学び」のレベルは、3分の1の子どもが達成できるレベルが最適であるというのが、これまでの経験から得ている結論である。

聴き合う関係と協同の関係が成立していれば、「共有の学び」と「ジャンプの学び」によって、教室内のすべての子どもが授業の最初から最後まで夢中になって学ぶ授業が成立する。なぜ、そうなるのか。ヴィゴツキーの「発達の最近接領域」の理論がその秘密を解き明かしてくれる。ぜひ学び直していただきたい。

ジャンプの学びの効用

「共有の学び」と「ジャンプの学び」による効果は絶大である。特に低学力の子どもの学力向上において、これ以上の効果的な方法はないと言ってよい。私は都道府県内や市内で最も学力の低い学校を多数支援してきたが、どの学校においても「奇跡的」と呼ばれる学力の向上を達成してきた。なぜ「奇跡的」な学力向上が達成できるのか。

一般の教師には理解されないだろうが、低学力の子どもたちは「ジャンプの学び」が大好きである。20年ほど前までは、私はこの現象を理解できなかった。しかし、彼らの学びを観察するなかで、その秘密を理解することができた。通常教師は「基礎から発展へ」「理解から応用へ」と学びの過程を考えている。しかし、これらは学力の高い子の学び方であって、低学力の子の学び方ではない。低学力の子は基礎がわからないから発展へと進まないし、理解できないから応用へと進めない。しかし「ジャンプの学び」において低学力の子どもは「発展から基礎」に降りて学んでいるし、「応用しながら理解」する学びを遂行している。その結果、「ジャンプの課題」を達成できなくとも「基礎」を理解する学びを実現しているのである。さらに「ジャンプの学び」は学力の高い子も低い子も平等にする効果がある。低学力の子どもたちは対等な関係で協同の学びに参加できるし、彼らのアイデアが有効に発揮されることもしばしば生じる。これらの理由によって「ジャンプの学び」は低学力の子どもたちの学びを夢中にさせ、いくつもの壁を乗り越えて、彼らの学力を向上させるのである。

「ジャンプの学び」は、さらに協同的な探究を促進し「真正の学び（authentic learning）」を実現する効果を発揮する。教科の本質を追求する真正の学びの実現にとって「ジャンプの学び」ほど有効な方法はないだろう。

もちろん、「ジャンプの学び」のデザインにおいては、教師の側に高い専門性が求められる。多くの教師は教科書を説明して教えることはできても、教科書レベルを超える学習課題をデザインする能力は備えていない。したがって、学びの共同体の改革を開始した当初は、「ジャンプの学び」を提唱することで教師たちの同意を得るのは難しいと思っていた。しかし、現実は逆であった。どの教師も「ジャンプの学びのデザインは難しい」と語りながらも、積極的にジャンプ課題のデザインに挑戦してきた。子どもたちが夢中になって学ぶ姿に教師たちが魅了されてきたからである。今や「ジャンプの学び」は、学びの共同体の改革にとどまらず、多くの授業実践において日常化するまで普及しつつある。まだ試みていない方は、ぜひ、挑戦していただきたい。

私が「共有の学び」と「ジャンプの学び」のデザインを提唱した背景について補足しておこう。

20年以上前の内情を吐露すると、「ジャンプの学び」の提案には一抹の不安があった。すべての教科を教える小学校教師たちが、すべての授業で「ジャンプの学び」をデザインできるだろうか。教科書の内容の説明に終始してきた教師たちにとって、「ジャンプの学び」の提案は、学びの共同体の改革に参加するうえで高いハードルにならないだろうか。

しかし、その不安はただちに解消された。子どもたちが「ジャンプの学び」を大歓迎で受け入れ、その真摯な学びの姿に呼応した教師たちが、積極的に挑戦を開始したからである。「ジャンプの学び」のデザインは教師の教科の教養に依存している。しかし、無理な課題ではない。ネット上にも入試問題にも多くのアイデアがある。力まずに、思いつきでもいいので、ぜひ「ジャンプの学び」のデザインに挑戦していただきたい。

真正の学びを実現する

―教科の本質の探究―

真正の学びの概念

真正の学び（authentic learning）は、多義的な概念である。ある人は、現実的な事象や問題を対象とする学びを真正の学びと呼び、ある人は学び手の内的な真実に忠実な学びを真正の学びと呼び、ある人は学びの文脈が現実的である学びを真正の学びと呼び、またある人々は学びのプロセスが学問（科学）の方法に即した学びを真正の学びと呼んでいる。これらすべてを包括した呼称として真正の学びという言葉は使用されている。

学校における学びが「ホンモノ」ではないことは、絶えず問われ続けてきた。その淵源は哲学の出発点にまでさかのぼる。古代ギリシャの哲学者プラトンは、洞窟の囚人という比喩で認識の疎外を表現していた。洞窟の奥に向かって鎖でつながれた囚人は、洞窟の外の出来事や事象の影しか見ることができない。現実（知識）の影を現実（知識）と錯誤して認識しているという。この囚人が鎖から解き放たれて洞窟の外に目を向けたならば、あまりのまばゆさで何も見ることができないだろう。また、ジョン・デューイは、学校の学びは二つの誤りを犯しているという。一つは地図（教科書）を与え、地図で旅をさせているという誤りである。もう一つは、地図（知識）を与えないまま旅をさせ、さまよわせているだけという誤りである。地図を渡して旅をさせる学びを実現しなければ、ホンモノの学びを実現することはできない。私は、学校の知識を「カップヌードル知識」と表現してきた。子どもたちは、学校でたくさんの知識を学んでいる。しかし、その知識がカップヌードルのように栄養価が低いものだったら、どうだろう。学べば学ぶほど身体は衰弱し、満腹状態で餓死することにもなりかねない。

これらの比喩には学校で生じる学びの疎外が表現されている。学校の知識と学びを「ホンモノ」にするイノベーションが必要である。近年、真正の学びが注目を集めている背景には、アクティブ・ラーニングの普及と定着がある。「主体的・対話的で深い学び」の「深い学び」の英訳は、一般には deep learning である。しかし「深い学び」を authentic learning と英訳する人もいる。私もこの英訳に賛同する。

真正の学びは多義的であり、多様なスタイルで追求されている。それらを列挙すると、現実世界の学び、探索的で探究的な学び、現実的な課題で多様な知識を関連づけ統合する学び、高次の思考を追求する学び、正解が定まらない探究的な学び、反省的思考や熟考を促進する学び、学びのプロセスで多様な他者と協同し真実性を追求する学び、などなどである。なぜ、真正の学びは、これほど多義的で多様な特徴をもって追求されているのだろうか。そこには「真正性（authenticity）」の概念それ自体の複雑な展開が横たわっている。「真正性」の概念を最初に提示したのは、ジャン・ジャック・ルソーである。ルソーは『対話篇』（1782年）において自己分裂を経験しながら「私とは誰か」を問い詰め、「自己の内的真実」のありかを探っている。ルソーは、この「自己の内的真実（内なる声）」を「真正性」と表現した。文芸批評家のライオネル・トリリングの『「誠実」と「ほんもの」(Sincerity and Authenticity)』（1972年）が指摘しているように、ルソーによる真正性の追求によって、近代文学は誕生している。他方、政治哲学者のチャールズ・テイラーが『自我の源泉（Sources of the Self)』（1989年）および『〈ほんもの〉という倫理（The Ethics of Authenticity)』（1991年）において開示したように、ルソーの真正性の追求は、近代の自己概念を形成し、民主主義社会を成立させている。

もう一方で、「真正性」は、一般にはルソーの系譜とは別の意味で普及し拡大した。「ホンモノ」と「贋作」を区別する「真正性」である。美術品、楽器、古文書などの贋作を見破り、ホンモノを求める「真正性」である。ルソーの「真正性」が認識主体の「内的真実」を追求したのに対して、もう一方の「真正性」は、認識対象（事物）が「ホンモノ」であることを追求している。こうして、「真正性」は内的真実と外的真実に分裂したのである。「これぞホンモノ」という感覚の「真正性」は、この二つの真実の交差点に成立していると言ってよいだろう。

学びにおける真正性

学びにおける真正性を提唱したのは、ヴィゴツキー学派の学習科学者たちだった。教育学（学習科学）でこの概念を最初に提示したのは、バーバラ・ロゴフである。ロゴフは、1977年に提出した博士論文において、マヤ高原のインディヘナの子どもたちの文化的発達を調査研究し、彼らが社会的文脈において文化共同体の中で発達する過程を開示した。この社会的文脈における文化的発達は、「認知的徒弟制（Cognitive Apprenticeship）」として概念化され、その後の学習科学における真正の学びの研究の基礎を形成した（Apprenticeship in Thinking: Cognitive Development in Social Context, 1991）。

その後、新ヴィゴツキー学派のジーン・レイヴとエティエンヌ・ウェンガーの『状況に埋め込まれた学習―正統的周辺参加（Situated learning: Legitimate peripheral participation）』（1991年）によって、学校の知識と学びに対する批判が着目されることとなる。レイヴとウェンガーは、リベリアの仕立て職人や肉職人の徒弟としての学びが、学校の学びとは異なり、文化共同体の中で、周辺（徒弟）から中心（親方）へと移行する学びであり、最初から全体と出会い、全体の部分から全体の部分へと移行する学びであることを示した。いずれにせよ、ヴィゴツキー学派における真正の学びは、文化共同体への参加として定義されている。

ヴィゴツキー学派とは異なる系譜についても紹介しておこう。学びの本質を知識の理解ではなく、知識の探究に求めた系譜である。その一人は「探究学習」を主張したジョセフ・シュワブである。シュワブは、1960年代に展開された新カリキュラム運動の生物学教育の主導者であり、生物学教科書BSCSと教師用指導書を編纂したことで知られる。彼は、生物学者であると同時に、デューイ哲学を信奉する教育学者であった。シュワブは、古代ギリシャ以来教育は、「服従のレトリック」を教える奴隷の教育と「探究のレトリック」を教える民主的市民の教育に二分されてきたという。「服従のレトリック」の教育では正解が教えられ、「探究のレトリック」では、探究そのものが教育されたというのである。当時「教科の構造（structure of discipline）」がカリキュラム研究の中心概念であったが、シュワブは「教科の構造」には「知識の実体的構造（substantive structure）」と「知識の構文的構造（syntactic structure）」の二つがあり、探究学習においては「知識の構文的構造」が学習内容の中心になるべきだと主張した。すなわち、探究学習においては、知識の意味の理解よりもその知識の認識と表現の方法を学ぶ方が重要なのだという。

同様の事柄は、哲学者グレゴリー・ベイトソンによっても主張されている。ベイトソンは、知識の学びには知識それ自体の学びであるラーニングIとその知識の学び方（考え方）を学ぶラーニングIIがあるという。ラーニングIは、観察やテストでわかるので可視的である。他方、ラーニングIIは、知識の背後に潜んでおり、学習者の内面の探究過程に生じているので不可視である。どちらがより重要かと言えば、もちろんラーニングIIである。なぜなら、ラーニングIIを学ばなければ、学校で教わる知識のほとんどは、現実世界においても人生においても何の意味も持たないガラクタにすぎないからである。しかし、どのようにして、ラーニングIIを学校で教育することができるのだろうか。

真正の学びを実現する

教室における日々の学びにおいて、真正の学びを実現する契機は無数に存在している。

以下、具体的な事例で考察しよう。

ある1年生の教室で遭遇した事例である。算数の引き算の授業、新任教師は授業の冒頭で「7引く3は」と子どもたちにたずね、正解の4を聞き、黒板にその数式を板書した。次に「ケーキが6個あります。お皿が4個あります。何が何個足りない?」と質問した。教師の予想を裏切って、子どもたちは沈黙し、それでも問い詰めると「引けない」と答えた。たじろいだ新任教師は行き詰まってしまい、参観していた私に助けを求めてきた。ここには真正の学びが実現する重要な契機が埋もれている。数学は「数(かず)」という現実世界と「量」という半現実の世界と「数(すう)」という抽象の世界(数学)の三つの層によって成り立っている。子どもたちがケーキ6個からお皿4個を「引けない」と答えたのは、リンゴ5個からブタ3匹は引けないという意味で、しごくまっとうな疑問を抱いたからである。

教壇に立った私は、子どもたちのノートに大きな二つの円を描かせ、一方にケーキ6個、もう一方にお皿4個を描かせ、その二つを線で結んで対応させた。そのうえで、タイルでこの問題を解かせ、数式へと導いた。つまり、現実世界から半現実の量的関係を可視化させ、それを抽象して数式へと導入したのである。このプロセスには、人類が「数(すう)」を獲得し数学を誕生させたプリミティブな「真正性」が息づいている。さらに私は、「ジャンプの課題」として「5人でお誕生会を行います。ケーキが7個、お皿が3個あります。何が何個足りない？　図と式で考えましょう」という問題を出した。子どもたちは、今度は大きな円を三つ描き、それぞれを線で結んで、5引く3の式を導いて解答した。

この事例は、数（すう）という数学的概念が集合論を基礎にして成り立っていることを示している。私は、この事例を通して、ベイトソンのいうラーニングⅡがどこにも潜んでおり、その契機が子どものつまずきや困惑の中に豊富に現れていることを学んだ。

もう一つ、1年生の二つの教室で参観した算数の事例で紹介しよう。繰り上がりの足し算の授業である。どちらの授業でも同様のことが起こった。授業では、「9足す7は？」が提示され、子どもたちは、7を1と6に分け（あるいは9を3と6に分け）16という正解を引き出した。何人かは、指を使って計算し、一人では指の数が足りないので、ペアで20本の指を使いながら、正解に達した。次に教師は、「今の結果をタイルを使って確かめてみましょう」と、指示した。ところが、ほとんどの子どもがタイル計算でつまずいてしまったのである。9個のタイルと7個のタイルを一列に並べるのだが、そこから先に進まない。授業者にも参観者にも意外な展開だった。

ここにも真正の学びを考える契機が潜んでいる。算数（数学）が「わかる」ということは、数式の「操作的意味（アルゴリズム）」とその数式の「量的意味」とが一致したときに成立する。この事例の場合、最初に数式のみで正解を導いた子どもたちは、「操作的意味」は理解していたものの、その「量的意味」は理解しておらず、したがって数学的な意味での理解も納得もしていなかった。そのことが露わになったのが、タイルによる学びのつまずきである。数式計算では10のまとまりをつくりながら、タイル（量）では、十進法の構造は認識されていなかったのである。

十進法の構造の理解は、私たちが想定する以上に、子どもたちには難しい。人類は5000年以上も昔から大きな数を計算してきたが、十進法が数式で活用されるようになるのは14世紀、インドにおけるゼロ（0）の発見（発明）で0が数字として扱えるようになったことによって、十進法による計算が可能になった。数学的に考えれば、十進法よりも六十進法の方がよかったはずである。六十進法であれば、分数や小数でしか表せない数は激減する。にもかかわらず、なぜ、十進法が採用されたのか。その問いにも、子どもたちは答えていた。指が10本だからである。

真正の学びによる学びのイノベーション

真正の学びによる学びのイノベーションを各教科でどのように実現すべきだろうか。真正の学びは多義的で多様であるが、①教科の本質を探究する学びであること、②学習者の内面の真実に忠実な学びであること、③学びの内容と方法が現実的な文脈を構成していることの三つの要件が充たされている必要がある。

教科の本質は、教科領域のジャンルによって異なっている。社会科は教科書で教えることができるだろうか。社会科学的思考は、資料やデータにもとづく思考であり、社会的な出来事を多元的な視点で批判的に熟考する思考である。したがって教科書で社会科を教えることは不可能である。資料とデータによる探究的学びを教科書の知識と結合するところに社会科の真正の学びが成立する。社会科の真正の学びは、資料とデータの選択と学習課題のデザインが決定的に重要なのである。

理科の真正の学びは、どう実現するだろうか。理科の授業のほとんどは、仮説→実験→検証の筋道で行われている。しかも、その実験のほとんどは教科書に記載されている実験である。ここに真正の学びはあるだろうか。仮説→実験→検証は、科学の方法の一つではあるが、そこに科学的探究の本質があるのではない。科学的探究の本質は、見える現象の「観察」を通して見えない関係や法則を発見する「説明モデルの構築」にある。したがって、実験は教科書にない実験を行うことが好ましいし、実験においては仮説や検証よりも観察を重視し、その現象を説明する「モデル図」を描かせることが、真正の学びの基礎となる。

真正の学びを実現するためには、現実の文脈に即した学びに改革することも重要である。社会科においては、現実社会の論争的問題を課題として取り上げる必要がある。理科においても、たとえば、電磁気でモーターを学ぶときは、モーターで模型自動車を走らせる遊びではなく、掃除機のモーターやスピーカーの解体を行って、より現実的な文脈に即した学びを行うとよい。

フィンランドでは、中学校の技術科でエレキギター本体の木工、アンプ、スピーカーの回路のデザインと製作を手作りで行っているし、クラスごとに本物の自動車を設計し製作している。訪問したカナダの高校では、本物の飛行機を設計し製作していた。これらの技術教育は、現実の文脈に即した真正の学びの典型である。

文学の授業は他教科以上に、真正の学びが求められている。しかし、文学の授業のほとんどにおいて、学びの真正性は破壊されている。近代以降の文学は、本来一人で読むものであり、「世界（人生）の秘密」と「私の秘密」が出会うところに成立している。したがって、文学の学びは、一人ひとりがテクストとの対話を中心に個性的で多様な読みを構築することを追求すべきである。しかし、文学の授業の多くは「話し合い」による「読解（理解）」に陥っている。

私は、文学の授業で真正の学びを実現するために、教師たちに次の三つを要請している。

①主題を追求しない、②気持ちを問わない、③なぜと問わない、の三つである。

「主題を問わない」を求めるのは、文学作品は主題めいたものを含んではいるが、優れたテクストは作者の主題や意図を超えているからである。主題を追求する学びは、テクストの表層的な読みに陥ってしまうだけでなく、読者の内的真実を踏みにじってしまう。「気持ちを問わない」というのは、文学作品は、人物の心情を描いてはいるが、文学が描き出す感情は、言語化できない複雑な感情である。言語化してしまうと読みが表層的になり、言葉の象徴性や多義性が壊れてしまう。「なぜと問わない」というのは、文学は人生の隠れた真実を描き出しているが、その真実は、因果関係で合理的には説明できない不条理の真実である。不条理の真実を描き出しているところに、文学の芸術的価値がある。

読者の方々には、この三つの禁じ手を実行して、作品それぞれ固有の魅力を詳細に研究し、文学における真正の学びを追求していただきたい。

ＩＣＴ教育のイノベーション

コンピュータ活用の教育効果

ＩＣＴ教育の普及に関して、日本では奇妙な現象が見られた。どの国もパンデミックによる学校閉鎖期間はコンピュータの活用が積極的に推進されオンライン授業が実施されたが、学校開校後は学校と教室からコンピュータは消えていった。しかし日本では、学校閉鎖期間のオンライン授業は５％の小中学校でしか実施されず、学校開校後に過剰なほどコンピュータが活用されている。同じ現象が見られるのはインドと台湾であり、いずれも世界で最もコンピュータの学校への配備が遅れ、コロナ下で一人一台端末が整備された国である。

ＩＣＴ教育は「個別最適化」による「未来の教室」と喧伝されている。しかし「個別

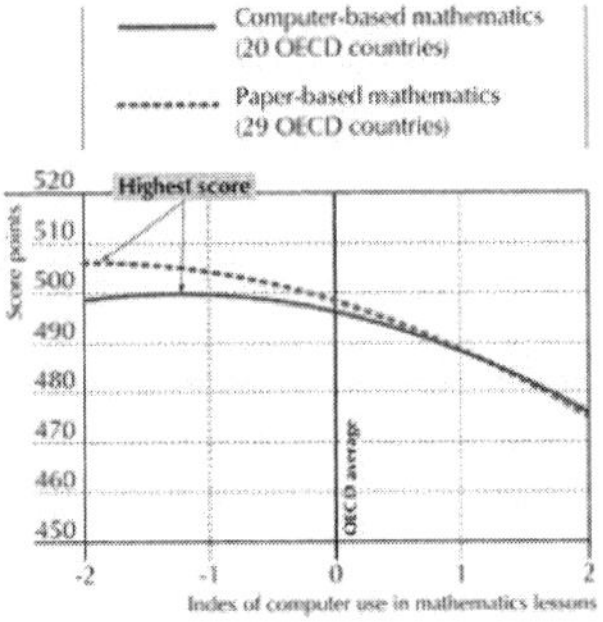

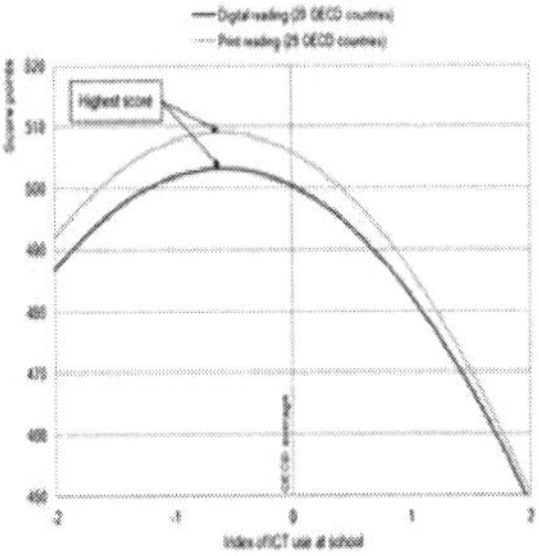

最適化」は「未来の教室」なのだろうか。そもそもＩＣＴ教育は学びにとって効果があるのだろうか。

コンピュータの教育効果に関して最も信頼できる実証研究は、ＰＩＳＡ調査委員会がビッグデータを用いて分析したＯＥＣＤ加盟20か国（コンピュータ解答）、29か国（紙媒体テスト）の調査結果（２０１５年）である。

上の二つの図は「学校におけるコンピュータの活用時間と学力との関係」の調査結果を示している。右図は「読解力リテラシー」、左図は「数学リテラシー」である（報告は「科学リテラシー」の調査結果も示しているが、「数学リテラシー」とほぼ同一の結果なので、ここでは割愛した）。二つの図のグラフにおいて横軸（X軸）は学校におけるコンピュータの活用時間を指数で表示し、縦軸（Y軸）はPISA調査の学力の点数を示している。

一目瞭然だが、学校におけるコンピュータ活用の時間が長ければ長いだけ、学力は低下している。学校におけるコンピュータの活用時間と学力とは逆相関の関係にある。

もう一つ、信頼性の高い調査結果は、51か国34万人の生徒と教師を対象にしたマッキンゼーによる学校におけるコンピュータ活用の調査報告（２０２０年）である。この調査では、コンピュータを①生徒が一人一台端末で活用した場合、②教師と生徒が共に活用した場合、③教師だけが活用した場合の三つを比較して、コンピュータは生徒が一人一台端末で使用したとき最もダメージが大きく、教師と生徒が共に活用してもダメージがあり、教師一人で活用したときにのみ、わずかな効果が現れるという。

なぜ、学校におけるコンピュータの活用は、教育効果をあげずダメージが生まれてしまうのか。その理由は三つ考えられる。

第一は、現在のコンピュータの活用がまちがっているからである。現在普及しているＩＣＴ教育のプログラムのほとんどは、デジタル教科書であったり、プログラム学習であったり、模範授業のオンライン配信であったり、「教えるツール」としてのコンピュータの活用である。しかし、コンピュータの活用は「教えるツール」よりも「学びのツール

＝思考と探究のツール」として活用する方がより効果的である。

第二に、コンピュータは情報や知識を検索する浅い学びには効果的だが、その情報や知識を活用して思考し探究する深い学びには限界がある。探究を行う深い学びを実現するためには、少人数の協同的学びが最も効果的である。

第三に、コンピュータは学びを個人化して協同の学びを妨げる傾向がある。

コンピュータは「教える道具」としてではなく「学びの道具」として、すなわち探究と協同の道具として活用されるとき、教育効果を発揮する。言い換えれば、文房具の一つとして自然に活用することが最も効果的なのである。

なぜＩＣＴ教育は、これほど混乱を生み出しているのだろうか。最大の要因は、２０１８年以降、経済産業省がＩＣＴ企業と一体になって「個別最適化」を「未来の教室」として推進してきたことにある。中教審答申「令和の日本型学校教育」では「協働的な学びと個別最適な学びの一体化」という矛盾する標語がうたわれている。

「ＩＣＴ教育＝個別最適化」は「未来の教室」と喧伝されているが、はたしてそうだろうか。「個別最適化（個別最適な学び）」を英語で表現すれば、individualized optimization, optimized learning, individualized learning などであろう。インターネットでこれらの英語の検索をかけてみるとよい。「個別最適化」は50年前の授業改革の中心テーマであった。

代表的な理論は、B・F・スキナーのプログラム学習（ティーチング・マシン）と、ベンジャミン・ブルームの「形成的評価」と「完全習得学習」である。今、日本の学校で普及している「個別最適化」のソフトは、「オペラント条件付け」「即時フィードバック」「スモールステップ」という50年以上前のスキナーのプログラム学習と瓜二つである。今時、スキナーの学習理論を唱える学習科学者も教育学者も存在しないが、ICT教育の業界に今も信奉者がいるのは驚きである。スキナーのティーチング・マシンは1970年代後半には学校現場から消え去り、同時に「個別最適化」という用語も消え去った。すなわち「個別最適化」は「未来の教室」ではなく「過去の教室」なのである。「過去の教室」がICT教育の「未来の教室」として喧伝されているところに混乱と混迷の最大の要因がある。

第4次産業革命によって激変する未来の社会は、どのような教育を要請しているのだろうか。第4次産業革命を牽引してきた世界経済フォーラムは、2020年10月発表のレポート『仕事の未来（The Future of Jobs, 2020）』で、2025年の社会に参加する人に必要な能力を次の10項目で提示している。

①分析的思考とイノベーション（Analytical thinking and innovation）
②活動的学びと学びの戦略（Active learning and learning strategy）

③複雑な問題解決（Complex problem-solving）
④批判的思考と分析（Critical thinking and analysis）
⑤創造性と独創性と主体性（Creativity, originality and initiative）
⑥リーダーシップと社会的影響力（Leadership and social influence）
⑦技術の活用とモニタリングと統制（Technology use, monitoring and control）
⑧技術のデザインとプログラミング（Technology design and programming）
⑨レジリエンスとストレスの寛容と柔軟性（Resilience, stress tolerance and flexibility）
⑩推論と問題解決とアイデアの創出（Reasoning, problem-solving and ideation）

これら10項目の能力のうち、ＩＣＴに関連する能力は2項目であり、他の8項目は創造性と探究と思考の能力であることに留意したい。世界経済フォーラムは、このレポートに先立つ２０２０年報告書で第４次産業革命が要請する10項目の能力を提示していたが、以下に示すように、技術に関するハードの能力は一つもなく、すべてソフトの能力である。

①複雑な問題解決（complex problem-solving）、②批判的思考（critical thinking）、③創造性（creativity）、④人の経営（people management）、⑤他者との協調（coordinating with others）、⑥情動的知性（emotional intelligence）、⑦判断と決断力（judgement and decision-making）、⑧サービス精神（service orientation）、⑨交渉力（negotiation）、⑩認

知の柔軟性（cognitive flexibility）

さらに世界経済フォーラムは２０２０年『未来の学校（Schools of the Future）』において、学ばれるべき八つの学習領域を以下のように提示している。

①グローバル市民性（Global citizenship skills）
②イノベーションと創造性（Innovation and creativity skills）
③技術（Technology skills）
④対人関係（Interpersonal skills）
⑤個人化された自分ペースの学び（Personalized and self-paced learning）
⑥社会に通じた学びとインクルージョン（Accessible and inclusive learning）
⑦問題中心の協同的学び（Problem-based and collaborative learning）
⑧生涯にわたる自主的な学び（Lifelong and student-driven learning）

これらを総合すると、未来社会を生きる子どもたちに必要な学びは、「創造性」「探究」「協同」の三つを中核としていると言ってよいだろう。

残念なことに、現在のＩＣＴ教育がこれらの課題に応えているとは言い難い。ＩＣＴ教育は、上記の諸分野の学びを総合的に達成する道具として活用されるべきだろう。その海図と羅針盤を確かにすることが、教師たちに要請されている。

ＩＣＴ教育におけるコンピュータは「教える道具」としてではなく「学びの道具」として活用したとき、すなわち「思考と表現の道具」「探究と協同の道具」として活用したときに素晴らしい効果を期待できる。コンピュータ活用の成否は、「授業における活用の仕方」にあるのではなく、「コンピュータを活用した学びのデザイン」にある。その認識が何よりも重要である。以下は、授業において有効なコンピュータ活用のタイプである。

①データベースとしての活用　（学びの資料、インターネット上の知識へのアクセス）
②モニタリングとしての活用　（体育や音楽のパフォーマンスの録画とフィードバック）
③シミュレーションとしての活用　（物理学実験、数学実験などのシミュレーション）
④学びのネットワーキングとしての活用　（他校や他教室との協同学習）
⑤学びの作品化—表現の道具として　（本づくり、学びの映像化）
⑥創造的なプログラミング学習　（コンピュータ・グラフィック、プログラム・デザインなど）

ＩＣＴ技術による探究と協同の学びの可能性はほとんど無限にある。最も重要なことは、教師の学びのデザインであり、そのデザインを支えている学びの創造的なアイデアである。

特別支援教育のイノベーション

特別支援教室の現状

10年間で特別支援学級に在籍する子どもの数は倍増した。しかし、都道府県別で見ると、特別支援学級の在籍数には大きな開きがある。さらに市町村ごと、学校ごとの在籍数も違いが大きい。何を基準に通常学級と特別支援学級の振り分けが行われているのか、曖昧である。医師の診断が決定要因の一つになっているが、たとえばＡＤＨＤは専門家の意見によれば、診断に半年を要するという。しかしＡＤＨＤと診断された子どもの大半は30分程度で診断されている。地域によっては就学前の幼稚園教諭や保育士の意見をもとに特別支援学級への配置が決定されているところもある。専門家の診断も素人の判断も、どちらも信頼していいものだろうか。私が経験した学校でも、児童生徒数３００名の小中学校

特別支援学級における学びの風景。

で、多い学校では40名以上が特別支援学級に存在し、少ない学校では0名から2名である。科学的根拠は乏しい。

20年ほど前、文部科学省のインクルージョン推進の担当官から、欧米諸国のように一挙にインクルージョンを推進するか、特別支援学級から通常学級に通級する段階を経て、通常学級から特別支援教室に通級する段階へと移行する2段階で進めるべきかと、相談を受けたことがある。私は一挙に進めるべきと答えた。2段階の進行は1段階で停止してしまう危険が大きいからである。その後の展開は、私が予想して危惧した通りになった。その理由は利権にある。特別支援教育にかけられている公教育費は、通常の子どもの10倍以上である。特別支援教育の認定資格制度と資格試験、資格取得のためのセミナー、資格獲得のための多数の出版物などが、その利権を支えている。

特別支援教育の子どもと教師（支援員を含む）の比率は1・4対1、ほぼ1対1に近い関係である。現代の親は1対1の指導が子どもにとって最良と考える傾向がある。こうして、特別支援教育によって、子どもも孤立させられ、教師も孤立させられている。さらに、特別支援学級の子どもの激増は、教師の構成バランスを歪める結果も導いている。

学びの権利の実現と質の保障

私は訪問する学校で、特別支援学級の子どもたちを可能な限り通常学級で学ばせるよう勧めている。学びの共同体の学校では、教室にケアの共同体が成立しているので、特別支援を必要とする子どもが伸び伸びと学びに参加する条件が整っている。学校外の人が教室の学びの様子を参観しても、ほとんどの人は誰が特別支援を必要とする子どもなのかわからないだろう。それほどケアの共同体が機能している。そして通常学級で学んだ方が特別支援を必要とする子どもの知的精神的社会的発達は効果が大きい。

特別支援学級での授業と学びはどうあるべきだろうか。多くの特別支援学級では、一斉授業方式の授業が行われている。あるいは、子ども一人ひとりにマンツーマンの指導が行われている。いずれも子どもの発達にとって効果的とはいえない。情緒の不安定な子どもに対して、パーティションで区切って学ばせている教室もある。いったい、その子の将来をどう考えているのだろうか。一生、誰とも関われず社会に参加できない子どもがパーティションによってつくられている。情緒不安定で他者とコミュニケーションがとれない子どもは、他の子どもとたくさんのトラブルを経験し、喧嘩をしながら育つ必要がある。けがをさせてはいけないが、トラブルや喧嘩を数多く経験しない限り、その子の知的精神的社会的発達は達成されない。

子どもの発達を促進するために、特別支援学級の授業と学びについて以下の三つを提案したい。第一は、決して独りにしないで、4人単位（もしくは3人単位）の協同的学びを推進すること、教師も椅子に座って協同を促すことである。一人で学んでも十分な発達は望めない。第二は、教科の学びを中心に授業を行うことである。特別支援学級では「生活単元学習」や「自立活動」の授業が頻繁に行われているが、重度の知的障碍の子どもには「生活単元学習」や「自立活動」も意味があるが、そうでない限り教科の授業を行った方がはるかに効果的であるし、子どもたちもその方を望んでいる。第三は、コンピュータを積極的に活用することである。特別支援を必要とする子どもの教育において、コンピュータを活用した学びが有効であることは30年以上も前から知られていた。現在、通常学級においてはコンピュータは過剰に使われ、もっと活用を抑えた方がいいが、特別支援学級におけるコンピュータはより積極的に活用すると効果が大きい。

平等公正な特別支援教育へ

2022年8月、国連の障害者権利委員会は、日本政府に対して特別支援学級と特別支援学校の廃止を強く求める「勧告」を提出した。特別支援学級と特別支援学校は、障碍のある子どもたちを「排除」するものであり「差別」であるという。

日本以外の国々において、さまざまな障碍は「個性」と認識され、誰も障碍によって排除されず差別されないインクルージョンの教育が推進されてきた。日本の特別支援学級と特別支援学校における分離は、障碍のある子どもたちに対する排除であり差別であるという指摘は妥当である。

そもそも差別とは何だろうか。私は「差別」を「集合名のラベルによって一方的に表象する権力関係」と定義している。たとえば「黒人の子どもたち」という呼び方がそうである。「白人の子どもたち」という呼び名は使われない。白人の子どもたちは一人ひとり固有名で呼ばれている。しかし今なお「黒人の子どもたち」という言葉は頻繁に使われている。これが差別である。日本でも同じ状態が生じている。「支援を必要とする子どもたち」という言葉は学校内で頻繁に登場する。

特別支援学級では、通常学級とは著しく内容レベルを落とした教育が行われている。これは明確な差別である。能力の差異にかかわらず、どの教育内容に対しても平等にアクセスする権利は保障しなければならない。その子どもが理解し習得できるかどうかにかかわらず、通常学級の子どもたちと同等の教育は保障されなければならない。国連の「勧告」は、平等公正な教育（equitable education）の原則を日本の特別支援教育でも貫徹することを求めたのである。

日本政府も文科省も「勧告」に反発した。特別支援を必要とする子どもが通常学級に在籍しても、それぞれの子どもの個別のニーズに対応した教育は行えないという反発であり、教師たちの反発は、これまでの日本の特別支援教育の実践の積み上げが評価されていないという反発である。しかし今後も国連は「勧告」を発し続けるだろうし、国連総会決議の障碍者権利条約を批准している日本は「勧告」に従う義務があり、今後政府と文科省は対応を迫られるだろう。「勧告」の趣旨に従えば、現在の特別支援学級は「特別支援教室」へと改称し、すべての子どもたちが通常学級に在籍したうえで、通常学級から個別のニーズに応じて「特別支援教室」に通級するかたちへと移行することになるだろう。少なくとも制度的には、この方向での改革が今後進展することとなる。

しかし、より根本的問題は現在もあるし、将来も引き継がれるだろう。障碍のある子どもたちが通常の子どもたちと対等平等に学び合う環境と関係が教室に築かれているだろうか。現状を見る限り、特別支援学級の教室では子どもたちは一人ひとり孤立して学んでいるか一斉授業の机配置でバラバラにされている。通常学級においても一斉授業が支配的であり、教室の文化は競争的（差別的）関係が支配的で、一人残らず助け合って学び合う協同的関係（ケアの共同体）は築かれていない。現状では、特別支援を必要とする子どもたちの十全な学びと発達は、特別支援学級でも通常学級でも実現していない。その改革こそが急務である。

幼少期の私は障碍を抱えていた。死産に近い状態で生まれた結果である。障碍は多岐にわたっていたが、運動能力は深刻だった。幼稚園では滑り台の階段が上れず、滑り台も滑れなかった。小学校に入ると、数の認知障碍で計算まちがいをしてしまう。多動は深刻で授業中15分もじっとしていられない。年配の女性教師に叱られた私は、知的障碍を抱えたノンちゃんと一緒に教室から何度も追い出された。

そのノンちゃんは、小学5年の時、「特殊学級」に移された。私は運よく、多少は多動ではあったが、学校にも少しずつ適応できていたので、通常学級に残ることができた。意外だろうが、障碍のメリットは大きかった。両親からありあまる愛情を受けて育ったし、心優しく支えてくれる教師ともめぐり会えた。両親から「勉強しなさい」と言われたことは一度もなく、山や川や海で存分に遊ぶことができた。学校になじめない低学力や問題行動の子どもたちが親しい友達になった。競争社会とは無縁な子ども時代を過ごせたのである。

現在の医学研究によれば、出産時の脳障碍は中学生になるころに生理的にはほとんど回復する。出産時であれば脳の3分の2が壊死しても回復するという。私の場合が典型だろう。あれほど不得手だった運動能力は、高校生になると短距離走、水泳、器械体操で校内トップレベルになっていた。

私自身の体験から、特別支援教室を訪問するたびに、彼らを排除し差別することなく、学びと発達の権利を一人残らず保障することを願わずにはいられない。

学校を「官僚組織の末端」から「専門家共同体」へ

日本の学校の特殊性

日本の学校は、他の国に見られない特徴をいくつか有している。たとえば、教師は5年から10年で異動があり校長も3年ごとに異動する。学校に職員室があり、教師たちは授業以外は職員室で過ごしている（海外の職員室は教師の休憩室でお茶呑み場）。ほとんどの国において教師は全員労働組合に入っているが、日本では2割程度しか組合に加入していない。教師の労働時間が異様に長い。校長が勤務時間のほとんどを校長室で過ごしている（海外の校長は8割の勤務時間、教室で教師と子どもの支援を行っている）。

日本の学校施設も特徴的である。どの学校にも運動場がありプールがある。学校の正門に鉄の扉がある（欧米で鉄の扉があるのは刑務所だけである）。

学校の経営も特徴的である。学校は校務分掌と委員会で運営されており、校長を中心とする教師たちの協同経営が行われている。海外の学校においては、通常、学校経営は校長と副校長と事務長の仕事である。

なぜ、日本の学校の改革は困難なのだろうか。なぜ、日本の教師の労働時間は異様に長いのだろうか。そこには、日本の学校の構造的な問題が横たわっている。

21世紀において、企業においても行政においても経営の様式が一変した。20世紀までの経営は、人とモノと金の管理と経営であった。しかし、現代の経営はノレッジ・マネージメント、すなわち知識と情報の経営である。知識基盤社会においては会社も工場も団体も、「学習組織（learning organization）」でなければ、持続し発展することはできない。

しかし、日本の学校経営は、今なお人とモノと金の管理と経営に終始しており、ノレッジ・マネージメントは実現していないし、学校は「学習組織」へと改革されてはいない。日本の学校は、一言で言えば、地方行政の官僚組織の末端として組織され、管理され、経営されている。「21世紀型の学校」とは程遠い組織であり経営である。

この20年間、世界の学校は「専門家の学びの共同体（professional learning community, PLC)」を標語として改革を推進してきた。しかし、日本の学校においてPLCは、教育政策になっていないし、教育委員会においても校長と教師の間でも話題にすらなっていない。なぜだろうか。学校という存在そのものが、日本では特殊なのである。

構造的改革の必要性

世界各国の学校を調べると、アメリカ型の学校とヨーロッパ型の学校の2種類のタイプがある。この二つのタイプの違いは、校長の資格と役割を見ると顕著である。アメリカ型の校長は教育学博士であり、野球チームの監督のように学校の経営を本務とする学校のボスであり、授業は担当していない。通常、このタイプの校長は任期制で雇用され、任期を終えると更新するか他の学校の校長職に応募し異動する。

それに対してヨーロッパ型の校長は、他の教師と同様、授業を担当している。病院の院長が患者の治療にあたり、大学の学部長が授業を担当しているのと同様である。このタイプの学校の校長は校内から選ばれる。つまり校長は教師というギルド組織の親方なのである。

世界の学校はこの二つのタイプのいずれかである。中国の校長は教育学修士以上であり、授業は担当していないので、アメリカ型である。すでに中国の新任教師はすべて修士号取得者なので、校長資格はいずれ教育学博士になるだろう。台湾の校長も任期制で雇用されているので、アメリカ型と言ってよい。

学校の組織と経営はアメリカ型とヨーロッパ型に分かれるが、どちらのタイプにおいても学校は専門家共同体（professional community）である。アメリカ型の場合は、校長は教育学の専門家であり、その専門的見識にもとづいて学校が経営されている。他方、ヨーロッパ型の場合も、学校の教師集団が専門家共同体であり、その考え方で学校が経営されている。

日本の学校は、どうか。日本の学校がアメリカ型でもヨーロッパ型でもないことは明らかである。日本の学校は、専門家共同体としてではなく、官僚組織の末端として組織され、官僚組織の方式で経営されている。しかも、その経営は21世紀型のノレッジ・マネージメントではなく、旧来の人とモノと金の管理と経営に終始している。

学校の未来を展望したとき、私はアメリカ型の学校ではなく、ヨーロッパ型の学校を標榜するのが日本の教師文化に沿っているように思う。校長の役割は監督的な管理者ではなく、他の教師と同様、授業も一部担当し「教師の教師」として同僚関係の代表として経営にあたる校長である。官僚組織の末端の責任者としての現在の校長を専門家共同体の経営者へと転換することは容易ではないが、将来の構想として検討されてよい。

国際調査を見ると、日本の学校の自律性（autonomy）は、どの調査を見ても著しく低い。

校内研修による専門家共同体の構築。

日本の学校は教科書を選択できないし、カリキュラム編成も限定的であり、人事を行えないし財務を自由に行うこともできない。人事と財政と教育計画は教育委員会で決定され、学校はその決定と指示にもとづいて経営を行っている。まさに官僚組織の末端なのである。

その一方で、日本の学校における校務分掌と委員会による経営は、海外から「協同的経営（collaborative management）」として高く評価されてきた。確かに、諸外国の学校経営は校長と副校長が行っており、教師の経営への参加は限定的で教師たちの孤立と個人主義が改革の桎梏となっている。しかし、日本の学校は海外から称賛される「協同的経営」になっているだろうか。むしろ分業主義による雑務の増加と協同のもとでの孤立が、学校の現実というべきだろう。官僚組織の末端に位置する学校において分業主義は、役割の部分だけに責任を負う弊害を生み出し、教師たちは学校全体に対する責任を希薄化させている。「それは○○委員会の考えるべきこと」という意識が日常化してしまうと、役割も責任も断片化して教師たちの連帯は薄れ、小グループで部族化（tribalism）してしまう。教師たちは「私の授業に口出ししないで」と学校と教室と授業と教職を私物化（privatization）し、一部の気の合う仲間とだけつながって部族化している。この私物化と部族化を克服しない限り、学校を専門家共同体へと改革することはできない。

21世紀型の学校へ

「21世紀型の学校」を実現するためには、官僚組織の末端として組織され機能している学校を専門家共同体へと改革しなければならない。どのようにすれば、この改革は実現するのだろうか。

学びの共同体の改革は「21世紀型の学校」すなわち「専門家の学びの共同体（ＰＬＣ）」としての学校を実現する挑戦でもあった。学びの共同体の学校においては、学校経営の中心を校内研修による同僚性の構築に求めてきた。学びの共同体の学校では、すべての教師が年間に1回以上授業を公開して、校内に教師の学びの共同体を築いている。この同僚性の構築が、学校を専門家共同体へと導いているのである。

しかし、一般の学校の現実は専門家共同体への方向とは逆行してきた。文部科学省による教師の活動時間の調査によれば、１９６６年から２０１８年の52年間に、校内研修の時間は激減している（小学校：３時間42分→1時間6分、中学校：３時間20分→30分）。校内研修の時間は、52年間に小学校で３分の1、中学校では7分の1に激減したのである。その一方で、52年間に教師の労働時間は激増している。労働時間の激増は、数々の事務的な雑務が大半を占めている。すなわち日本の学校は50年間で、専門家共同体としての性格を失って、官僚組織の末端としての学校へと様変わりした。世界の学校と真逆の方向で学校が変貌したのである。専門家共同体としての性格を失った学校は、学校と教師の中核におかれるべき公共的使命と専門家としての責任を空洞化させ、周辺の雑務を増大させて、教師たちを疲弊させ、学校の機能の劣化を導いている。教師の過重労働は、必然的な結果であった。

「21世紀型の学校」を建設するためには、官僚組織の末端へと変貌した学校を専門家共同体へと転換しなければならない。学校経営の中心に校内研修を位置づけ、ＰＬＣとしての機能を強めることは、その第一歩である。学校を専門家共同体へと改革しない限り、現在の学校と教師が抱えている問題は何一つ解決しないだろう。

　日本の学校の現状を見ると、「官僚組織の末端」の傾向が強まるとともに、もう一方で「専門家共同体」を志向する動きも現れていることに留意する必要がある。年間の校内研修の回数についての調査結果によると、「3回以下」の学校が最も多いが、次に多いのは「20回以上」の学校である。教師が一人残らず授業を公開し研修を行っている学校が増えていることを示している。この新たな動きに「専門家共同体」の萌芽を見出すことができる。

第三部

学びのイノベーションのグローバル展開

学校改革と授業改革の国際連帯

学びの共同体国際会議

２０２１年３月５日から７日、東京大学工学部 Haseko-Kuma Hall を発信拠点として第８回学びの共同体国際会議を開催した。会議のテーマは「ウィズコロナ・ポストコロナ社会における学びの共同体―協同的探究による未来への希望（School as Learning Communities in With and Post Corona Society: Hope for the Future through Collaborative Inquiry)」である。この会議では、中国、韓国、台湾、インドネシア、タイ、シンガポール、ベトナム、イギリス、メキシコ、日本の10か国における学校改革の研究と実践をそれぞれの国の代表者が基調講演とプレナリー・シンポジウムで報告し、三つの分科会では各国の実践と研究が交流された。全体会議の前日には、浜之郷小学校（茅ヶ崎市）の学校訪問がオンラインで行われ、授業観察と授業協議会が世界に発信された。

新型コロナ下においても、学びの共同体の改革は量的にも質的にも大きく前進していることを確認し合えたことは最大の成果だった。これまでの7回の国際会議は、通常、上述の10か国から300人から600人（うち8割は開催国の研究者と教師）が参加して開催されてきた。しかし、今回の会議には、31か国地域から2000人（日本人は約200人）を超える研究者と教師が参加した。私の予想（10か国から500人）を大きく超える参加になった。

オンライン開催で遠隔地からの参加が容易であったとはいえ、参加国は3倍になり、参加者数も4倍以上になった。2019年8月、学習院大学と東京大学で開催した世界教育学会10周年記念大会の参加者数が1300人（半数以上が日本人）、2020年11月にオンラインで開催された世界授業研究学会の参加者数が約500人であることを考えれば、2000人の参加者数は驚嘆に値する。31か国地域の内訳はアジアが3分の1、ヨーロッパが3分の1、残りの3分の1は、北アメリカ、アフリカ、オセアニア、ラテンアメリカであった。アジア諸国を中心に展開されてきた学びの共同体の改革は、新型コロナ下という条件のもとで、世界中の国々に拡大したのである。

学びの共同体のグローバルな展開は量的に拡大しただけではない。各国第一線の教育研究者10人の基調講演と7人のプレナリー・シンポの報告は、それぞれの国において学びの共同体の改革が、研究においても実践においても著しい発展を遂げてきたことを表現していた。どの報告も新型コロナ・パンデミックのもとでの学校の現実、教室の現実、子どもと教師の現実をつぶさに伝えるとともに、改革を推進する教育哲学の研究、授業研究、カリキュラム研究、学校改革の研究、学習科学の研究、教師教育の研究が各分野で前進していることを示していた。

多岐にわたる内容が議論されたが、各国で子どもをとりまく経済格差と教育格差が拡大するなか、一人残らず質の高い学びを保障する実践として学びの共同体の意義がいっそう鮮明になったことを伝えていた。「No Child Alone, No Teacher Alone」を標語とし「平等公正な教育（equitable education）」を実現すること、および「探究（inquiry）」と「協同（collaboration）」による「学びのリ・イノベーション」を推進すること、そして学校に教師の「専門家共同体（professional learning community）」を建設することの意義がどの報告にも共通して言及されていた。

中国における学びの共同体

各国の進展を示す一例を中国の事例で紹介しよう。中国において学びの共同体を推進している大学、地方行政、公益財団は多数あるが、私が関与しているのは北京師範大学に6年前に創設された「学びの共同体国際研究センター」である。このセンターは、現在、中国各地の約20校のプロジェクト学校を中心に中国全土の学校とネットワークを結んでいる。

2020年4月6日、7日、8日、9日、北京市第18中学校、同市豊台区第5小学校、豊台区草橋小学校、同市大興区教育局のプロジェクト学校をZoomで訪問し、すべての教室の参観、提案授業と協議会の参観および講演を行った。（大興区は区内58の小学校のうち18校がパイロット・スクールとして昨年来ネットワークを形成している。）

豊台区第5小学校は、学びの共同体の改革によって学校改革と授業改革において世界トップ水準に達していた。同校は五つの分校の連合体であり、子どもの総数は3000人以上の大規模校である。そのすべての教室で一人残らず子どもたちは「探究」と「協同」の学びの主人公になり、すべての授業で教科書レベルより高度の「ジャンプの学び」を組織して「質の高い学び」を実現している。同校の教師の総数は200名以上だが、すべての教師が授業を公開し、協同で研修する「専門家共同体」（「教師の学びの共同体」）を確立している。同校の改革は、6年前、北京師範大学の学びの共同体国際研究センターの創設

北京市豊台区第５小学校の公開研究会の風景。

と同時にスタートした。その成果は「学校文化」（李校長）となって、子どもたちと教師たちの思考と行動に身体化されていた。驚嘆に値する前進である。世界中の教育学者と教育行政官は、この学校を訪問し同校から学ぶべきである。

なぜ、このような画期的な前進が可能になったのだろうか。同校の改革と実践から学ぶことは数限りなくある。この日、学校と授業を公開した分校の校長は「改革の前進の教訓」として、何より「学びの共同体の改革がヴィジョンであり哲学であり活動システム」であり、それによって学校内に「教師の学びの共同体」を実現することができたこと、子どもと教師の学びの基盤に「傾聴の教育学」があり、「聴き合う関係」

が教室では「探究」と「協同」の学びを実現し、職員室に「専門家共同体」を形成したこと、この改革が「平等と民主主義」を哲学としていることから、一人ひとりの子どもと教師の尊厳が守られ、多様性に開かれた「平等と民主主義」を可能にしたことを報告していた。彼女はそのうえで「改革の持続と発展」のためには「中堅層の活躍とリーダーシップ」が重要であり、学校が他の学校とネットワークでつながることの重要性を指摘していた。（この日も同校は、中国各地の約10校の協力学校とオンラインでつながって公開研究会を開催した。）

同校の改革を中心になってリードし、第18中学校や草橋小学校とも協同し、大興区の18校の改革を支援してきた李校長は、翌々日の大興区の公開研究会において、見事なスピーチを参観者に伝えた。彼女は、学びの共同体の「公共哲学」「民主主義の哲学」「卓越性の哲学」の三つが改革の源泉となる推進力であり、一人も独りにしない「平等と民主主義の共同体」づくりが成功の秘訣だという。その基盤に「傾聴の哲学」があり「対話」があり「ジャンプの学び」があると指摘する。そして改革は学校間のネットワーク、教育委員会と学校のネットワーク、教師と研究者のネットワークによって「持続と発展」を可能にすると結んでいた。

付言して言えば、中国の学びの共同体の飛躍的発展については、次の二つの条件も見過ごせない。その第一は教師の専門家意識の高さと優秀さである。中国の教師の教育水準は、この20年間で飛躍的に高まっており、都市部の教師の多くは大学院修了者である。第二に学校における教師の研修資金が潤沢である。中国の学校は1校当たり数百万円から1000万円以上もの教師の研修費が割り当てられている。日本の学校の約100倍である。この研修資金の潤沢さが教師の成長と学びのイノベーションの基盤になっている。

改革のネットワーク

学びの共同体の改革は「運動」ではなく「ネットワーク」である。この改革システムの意義は大きい。このネットワークにおいては、ボスや中心は存在せず、そこに参加するすべての学校、すべての教室、すべての教師、すべての地域が中心である。脱中心化されているのであり、あらゆる参加者が改革の主人公になる平等と民主主義の哲学が徹底されているのである。

このネットワークが、今、各地域、各国、そして国境を越えて世界全体に拡大し、一つひとつの学校と教室を支え、子どもたちと教師たちによる学びのイノベーションを支えている。新型コロナ・パンデミックのもとで、オンラインを活用したネットワークは、いっそう重要性を増している。学びの共同体の改革は、教室を超え、学校を超え、地域を超え、国を超えて「学びの共和国（Republic of Learning）」を建設してきた。この「学びの共和国」はもちろんヴァーチャルな共和国ではあるが、現場で機能しているリアルな「共和国」でもある。

２０２０年11月に開催された世界授業研究学会（オンライン）では、学びの共同体の改革が特別シンポジウムとして企画され、素晴らしい改革を実現したタイ、いくつもの大学が拠点になって推進しているインドネシアをはじめ、日本と香港の研究が交流された。それに先立って上海で開催された「教育の未来」を主題とする国際会議では、『サピエンス全史』で著名なユヴァル・ノア・ハラリとOECDのPISAをリードしてきたアンドレア・シュライヒャーと私が「ポストコロナ時代の教育」の講演を行い、オンラインで数えきれない人々がつながった。さらに２０２１年4月11日、重慶市、杭州市、深圳市の教育院が主催した私の講演「第4次産業革命と教育の未来」（オンライン）には、それらの市の会場に参加した数千人の教師のほか、何と中国全土10万６７２２人の教師がオンラインで講演を視聴した。

現代の改革は「イノベーション」（局所的な革新がシステム全体を変革する改革）と「ネットワーク」によって推進されている。教室と学校の未来も例外ではない。

学びの共同体のグローバル・ネットワーク

国際会議の開催

2022年3月4日から6日、第9回学びの共同体国際会議を開催した。3月4日は埼玉県羽生市井泉小学校の学校訪問、5日からは東京大学工学部 Haseko-Kuma Hall を会場にして開幕式と10人の基調講演、6日は二つの全体シンポジウムと六つの分科会と閉会式が行われた。昨年の第8回国際会議と同様、日本人の講演者とスタッフ以外は、すべてオンライン参加であった。

今回の会議の参加者は21か国地域から約2100名だった。昨年の第8回国際会議の31か国地域から2000名に比べ、参加国はわずかに減少したが、その原因は10日前に勃発したロシア軍のウクライナ侵攻であり、北欧と東欧の参加はゼロになった。とはいえ、前回同様、参加国と参加人数の多さは驚異的である。私はこの2年間で約20回、世界教育学会や世界授業研究学会など主要な国際学会や国際会議でオンライン講演とシンポジウムに参加してきたが、いずれの会議も参加者数は最大で５００名程度だった。それらと比べ、前年度も今年度も参加者数が２０００名以上に達した学びの共同体の国際会議は驚異的である。学びの共同体のグローバル・ネットワークは、世界の教育で最大の推進力を発揮している。しかも、通常のオンライン会議の参加者は、関心のあるセッションや講演だけを視聴するのに対して、この会議ではほとんどの参加者が全日程まるごと参加し、時差の違いを超えて21か国地域の人々が３日間つながり合っていた。

国際会議は、日本、中国、タイ、韓国、台湾、ベトナムでは基地局を設け、各国の言語への同時通訳を行って発信された。その結果、教育研究者だけでなく教師が多数参加した。ただし、開催地が日本で日本語同時通訳の配信を行ったにもかかわらず、日本からの参加者が１５０名にとどまったことは残念である。日本の教育研究者と教師はもう20年以上、国際的な関心と視野を失ってタコ壺に入っている。その現状の深刻さを日本からの参加人数は示していた。

国際会議の大会テーマは「学びの共同体における平等公正な教育と学びの再革新―新型コロナを超えて（Equitable Education and Re-innovation of Learning: Beyond COVID-19

21か国2100名への発信を行った東京大学Haseko-Kuma Hall。

and for Post Corona Society)」であった。この2年間、新型コロナ下で世界各国の教育者が追求してきた「平等公正な教育」と「学びの再革新」の二つを学びの共同体の改革の文脈で議論し合う企画である。特に今年度は、新型コロナ・パンデミックによる「学びの損失（learning loss）の回復」が議論の焦点となった。基調講演と全体シンポでは、日本、イギリス、シンガポール、中国、タイ、インドネシア、韓国、台湾、ベトナム、メキシコにおける改革の実践と研究が報告され、これらの国々の連帯の親密さを示すものとなった。

初日の羽生市立井泉小学校への学校訪問は印象深かった。吉野知美校長へのインタビュー、全クラスの授業参観、工藤直子教論による1年算数の提案授業、同校の教師全員による授業協議会はそれぞれ圧巻であった。一人の子どもも独りにしないケアの共同体、探究と協同の学びにおける対話を愉しむコミュニケーション（dancing language）は、続く2日間の講演や報告や発言の中で繰り返し言及されることとなった。学校訪問による授業参観と協議会が、会議全体の基調をつくり出したと言ってよい。

新型コロナ下の学校の現実

新型コロナによる最大の犠牲者は子どもたちである。２０２０年1月以降の2年余り、子どもたちは学びの権利を剝奪され、遊びの自由を奪われ、仲間との絆も断たれる生活を余儀なくされてきた。貧困層の子どものダメージは通常の子どもの数倍に達している。会議では、各国の教育の厳しい現実が浮き彫りにされた。

会議（２０２2年3月）まで新型コロナ対策に成功をおさめてきた中国と台湾と韓国と、2年間にわたり爆発的感染に苦慮してきたインドネシア、イギリス、メキシコなどの国では、学校の現状は様相を異にしていた。中国では２０２０年の武漢での制圧以降、上海や北京など一部の大都市を除いて、通常通りの生活が行われ、学校もマスクなしの教育が継続されていた。（２０２２年4月以降は、「ゼロコロナ対策」によりどの国より学校教育への規制は厳しい。日本も学びの規制の厳しい国の一つである。）

他方、最も深刻な学校の状況を悲痛な報告で伝えたのは、インドネシアからの講演者だった。インドネシアでは２０２０年1月以降、学校は長期休校に追い込まれ、２０２１年10月にはいったん開校されるが、数か月後にはオミクロン株の急拡大で再び休校状態になった。会議開催時点で、インドネシアの休校期間は60週以上に達していた。世界平均が7か月の学校閉鎖であることを考えれば、異常に長い休校である。

インドネシアの教育危機は、この会議の半年前２０２１年9月に開催されたインドネシア授業研究学会国際会議でも議論された。私の2時間に及ぶ基調講演（英語）に１０００名以上の教育学者がオンラインで参加し、危機感の深刻さが示されていた。

この基調講演で私は、インドネシアでは休校期間もオンライン授業は行われたが、40%の子どもにはＷｉ-Ｆｉ環境がなく、それまでの休校による学びの損失（learning loss）だけで、６８００万人の子どもが喪失した生涯賃金の総額は１５１０億ドル（ＧＤＰの15%）に達し、ＰＩＳＡの読解力テストの点で11点も下落させたという調査データを報告した。その後も学校閉鎖は続き、20か月に及んだ休校のダメージは計り知れない。学びの損失によって、子どもたちの半数近くが一生仕事に就けないリスクを背負い、子どもたちの将来を奪うだけでなく、社会全体の崩壊さらには国家そのものの崩壊につながるリスクが待ち受けている。

私を驚かせたのは、2時間の基調講演のあと1時間半も次々と質問が寄せられたことである。「オンライン授業で協同的学びをどう実現するか」「オンライン授業で質の高い探究的学びをどう推進するか」「農村地域の訪問において探究と協同の学びをどう実現するか」「オンラインの教師研修において有効な方法は何か」などは、想定範囲の質問であった。想定外で最も多かった質問は「中高校生の妊娠と結婚が急増している。彼らの学ぶ権利の保障をどう行えばいいのか」であった。この深刻な質問は多くの途上国に共通している。なぜ、新型コロナ下で中高校生は妊娠と結婚を急ぐのだろうか。そして妊娠した中高校生、出産した中高校生の学びをどう保障すればいいのだろうか。早急の対応が必要である。

タイの前進から学ぶ

新型コロナ下で、学びの共同体のグローバル・ネットワークは拡大し続けている。中国各地のパイロット・スクールはめざましい進展を達成し、台湾の最大都市新北市は2021年10月、学びの共同体の改革10周年を祝う記念行事を開催した。参加国の中で最も前進が著しかったのが、参加人数が最も多かったタイである。タイの講演や報告や発言は、いずれも心温まる連帯感にあふれ、改革の勢いの力強さを伝えるものであった。

タイの学びの共同体の改革の開始はアジア諸国の中で最も遅く、2014年であった。タイではチュラロンコン大学の研究者たちと政府の委託を受けたPICOのメンバーとの協同で改革が推進されてきた。PICOは2015年以降毎年、教師たち3万人以上が参加する最大の教育イベントEDUCAを「学びの共同体」をテーマとして開催してきた。2019年に第7回学びの共同体国際会議がEDUCA2019として開催され、タイにおける学びの共同体の改革の跳躍台となった。

チュラロンコン大学の研究者たちとPICOのスタッフの協同は素晴らしい。新型コロナ下のタイではSNSによって改革ネットワークが構築され、ほぼ毎日「学びの共同体セミナー会議」「校長会議」「教師研修会」などが開催されてきた。PICOがSNSを活用して学びの共同体の改革でアクセスしている学校は3000校、教師は3万5000人、校長と行政官は4000人、教育研究者は700人に達している。このオンライン・ネットワークによってタイの学びの共同体は「パイロット・スクールの拡大」と「専門家教師の研修」を推進してきた。

タイにおける学びの共同体の驚異的発展は、チュラロンコン大学の経験豊富なスワンモンカさん、若手のアタポールさんとジャーリントンさんなど優秀な教育研究者たちとＰＩＣＯのフィリアさん、ニパポルンさんの親密なリーダーシップによって実現している。彼らは学びの共同体のヴィジョンと哲学を共有し、多くの学校とアクティブなパートナーシップを形成し、多数の校長や教師と協同のネットワークを構築してきた。このコアグループが、タイ全土にわたる学校改革と授業と学びのイノベーションを可能にしてきた。もう一つ戦略的な卓越性も指摘できる。彼らは、タイ政府の教育政策である「専門家共同体（professional learning community）」を学びの共同体の改革に翻案し、より実践的でより効果的な改革をパイロット・スクールにおいて実証してきた。

第9回国際会議が示したように、新型コロナ下において学びの共同体の改革の研究と実践は新しい地平を開拓している。その一つの象徴として国際会議以降、中国語簡体字で3冊、中国語繁体字で2冊、韓国語で2冊、ベトナム語で4冊、英語で2冊、スペイン語で2冊、学びの共同体の改革の書籍の翻訳と出版が進行している。このグローバル・ネットワークによる改革と実践が新しい時代の教育を拓くに違いない。

国際連帯の現在から未来へ

第10回学びの共同体国際会議

2023年3月3日から5日、第10回学びの共同体国際会議が東京大学工学部 Haseko-Kuma Hall において、対面とオンラインのハイブリッド形式で開催された。対面参加を各国10人以下総数100人以下に限定せざるをえなかったが、対面の開催は3年ぶりである。オンライン参加者も含め31か国地域から2000人の教育研究者と教育行政関係者、教師たち（うち日本人150人）が参加した。新型コロナ下、学びの共同体の改革は一挙に世界規模に拡大した（第8回31か国地域2000名、第9回21か国地域2100名）。この参加人数は、教育関係の他のどの国際会議よりも多い。

3月3日は、茨城県牛久市牛久第一中学校（本橋和久校長）で、全クラス授業参観、焦

第10回国際会議の海外報告者たちと主催者。

点授業（1年数学・藤掛泰寛教諭）参観と全教師の授業協議会、海外参観者からのコメント交流が行われた。3月4日は、東京大学で開幕式と9か国地域から10人の基調講演、5日には5か国地域の6人によるプレナリー・シンポジウムと分科会（31報告）ならびに閉会式が行われた。

会議のテーマは「未来の教育に向けての学びの回復とイノベーション―学びの共同体のデザインと実践（Learning recovery and innovation for future education: Design and practice of School as Learning Communities）」であった。この主題が厳しい3年間を物語っている。参加した国には、学校閉鎖が世界最長レベルのメキシコ（66週間）やインドネシア（64週間）、

２０２０年の5か月の学校閉鎖に加え、２０２２年も4か月の学校閉鎖を余儀なくされた中国が含まれ、学校開校後も行政から一斉授業を要請された日本と中国も含まれている。

　学びの共同体の改革にとって、これ以上の逆風は考えられない3年間だったが、その間に改革はアジア諸国から一挙に世界全域に拡大した。空間的拡大と同時に、理論的にも進化したことを再認識する会議となった。その全貌を記すことは不可能だが、中心的に議論された論題は、探索的会話（exploratory talk）、傾聴の教育学（listening pedagogy）、スローペダゴジー、破壊的イノベーション（disruptive innovation）と持続的イノベーション（sustainable innovation）、共有の課題とジャンプの課題（sharing task and jumping task）、協力学習（cooperative learning）と協同学習（collaborative learning）の違い、繊細で思慮深い反省的教師（sensitive and thoughtful reflective teacher）、教師の学びの共同体（professional learning community）などである。それぞれの鍵概念において理論的な進化が明瞭であった。新型コロナの逆風は、改革を推進する人たちの思想と哲学と理論を鍛えたのである。

各国の改革の進展

２０２２年9月以降、海外渡航も可能になった。9月、メキシコのイベロアメリカン大学教育研究所創設20周年記念集会の基調講演で招待され、中南米１０００名以上の教育研究者を対象として「学びの共同体の改革」を主題とする講演を行った。同大学では、スペイン語で2冊目となる『学校を改革する』の出版が決定しており、学びの共同体プロジェクトも発足することとなった。10月には韓国学びの共同体全国セミナー、11月にはベトナムを訪れ、私の本2冊（『専門家として教師を育てる』『学びの共同体の創造』）の出版記念集会と、ハノイ近郊バクザン省の学校を訪問し、同省の全教師を対象に講演を行った。12月には台湾の新北市と宜蘭市の３校を訪問し、それぞれの地域に対応した講演を行った。

そして２０２３年3月、中国の湖南省株洲市、四川省成都市、北京市を訪問し、中国学びの共同体全国大会を開催した。株洲市八達小学校は6年前から学びの共同体の改革を推進し、コロナ下でも改革を継続させて、郊外の農村部にありながら市内トップの学力水準を達成して湖南省教育長賞を受賞していた。訪問日の研究会にも対面で２５０名、オンラインで新疆を含む各地域から１０００名が参加した。

北京市で開催された全国大会は、もともと12月に開催される予定であった。しかし、中国は9月から12月、新型コロナの爆発的感染に襲われ、12月はオンラインによる国際講演会（オンラインで1万６０００人参加）となり、学校訪問を含む全国大会は３月31日と４

月1日に延期された。

その全国大会で訪問校となったのが北京市豊台区第8中学校（李宏校長（女性））である。同校が学びの共同体の改革を開始したのは6年前、改革当初から素晴らしい前進を遂げていたが、今回訪問して感嘆した。どの子どもも独りになっておらず、学びの共同体の理論が完璧に近いかたちで実践され、教師たちの同僚性も素晴らしく、「世界一の学校（world class school）」と呼ぶにふさわしい学校が実現していた。李校長の深い見識にもとづく卓越したリーダーシップは見事である。

新型コロナ・パンデミックが起こる3年前、行政による同校の授業評価（学習者中心の質の高い学びの実現度）は、すでにAクラスの授業が全体の40％にまで向上していたが、その後の3年間でAクラスの授業が76・9％にまで向上したという。おそらく北京市内で最も高い評価だろう。全クラスの授業を参観し、焦点授業の数学の授業と教師たちの授業協議会を参観して、この驚異的な授業改革は当然の結果だと納得した。それほど素晴らしい学校なのである。北京市の学びの共同体はこれまで同校を含む豊台区の学校を中心に展開されてきたが、隣の大興区でも3年前から18校のパイロット・スクール（連携校も含めて区内の3分の1）が建設され、改革が北京全域に拡大しつつある。

中国における改革の条件は、他の国と比べて厳しかったと言えよう。２０２０年の学校閉鎖5か月に加えて、中国だけは２０２２年にも3か月から4か月の学校閉鎖を行っている。そして、日本と同様、開校期間も厳しい学びの規制が敷かれてきた。もともと「19世紀型の教室」と「一斉授業」が支配的である中国において、学びの共同体の改革をパンデミックのもとで推進することは容易なことではない。その厳しい条件のもとで驚異的な成果をあげる改革を実現した同校の子どもたち、教師たちは絶賛に値する。そして、この学校は、中国の教師たちはもちろん、世界中の教師たちに未来の希望がどこにあるのかを指し示してくれている。

新型コロナによる教育への影響は、国によって多様であり複雑であることを認識する必要がある。新型コロナ下で、途上国のＧＤＰ（２０２２年）はインド（5位）、メキシコ（14位）、インドネシア（16位）、ベトナム（37位）と上昇したが、それらの国々の学校閉鎖はインドで69週間、メキシコで66週間、インドネシアで64週間、ベトナムで50週間にも及んだ。子どもの教育が経済成長の犠牲になったのである。

新型コロナによって韓国では、政治の変化と教師のモラールの低下によって子どもの学びが犠牲にされてきた。韓国はコロナ下で政治が激変し、17人中14人を占めていた革新的教育監（教育長）が4人に激減した。それによって革新学校の拡大による学びのイノベーションが中心だった教育行政は、「学力向上」「一斉授業復帰」「ＩＣＴ教育推進」へと転換した。その一方で、教師は学校閉鎖（39週）でモラールを低下させ、年間4か月の休暇があるにもかかわらず、一日3時間の有給休暇を主張して、午後2時に学校から帰宅する教師が激増した。職員会議も校内研修も実施できず、校長と教育委員会は悲鳴をあげている。

さらに中国とベトナムは、もともと社会主義国において「21世紀型の授業と学び」への改革が遅れているため、「19世紀型の教室」における一斉授業への復帰が深刻である。学びの共同体の改革は、これら複雑な学校現場の危機と向き合ってきた。

新たな課題と国際連帯

新型コロナ・パンデミック、第4次産業革命の加速度的な進展、ロシアのウクライナ侵攻によって世界は分断され経済は停滞し、子どもたちの現在から将来にわたる幸福（wellbeing）は危機にさらされている。２０２２年9月以降5か国の学校現場を訪問し、翌年3月31か国地域が参加する国際会議を開催して実感したことは、世界中の教師たちが国際的な連帯を強く求めていることであった。その背景は複雑である。どの国の学校も教師も、重層的で複雑な危機のもとでいくつにも分断され孤立し、しかも複雑な動きを示している。一つの国の中でも、３年間コロナ対策に終始し改革を後退させた学校もあれば、学びのイノベーションを推進した学校もある。学校を専門家共同体に再構築して教師のモラールを向上させた学校もあれば、教師のモラールを著しく低下させた学校もある。教師の待遇を改善し改革を支えている国もあれば、逆に教師の待遇を低下させ、教師の質の劣化を招いている国もある。特徴的なことは、これらの変化が必ずしも経済の発展や停滞や政治状況と連動していないことである。教育の実践と政策に携わる人々の教育学的見識と公共的使命の水準が、複雑な前進と後退の分水嶺になっている。

３年間で多様で複雑に分岐したグローバルな学校改革の現実であるが、どの国においても、共通する危機に直面していることも事実である。主要な共通項は三つある。第一は、子どもの社会経済格差が拡大し、子どもたちの現在から将来にわたる幸福が危機にさらされていることである。第二は、教師たちが孤立化し学校の同僚性も弱まって、専門家として成長する条件が劣化していることである。第三は、行政の財政難とＩＣＴ教育市場の爆発的膨張により公立学校の改革と維持が危機にさらされていることである。この三つの共通項を中核にして、世界中の教師たちは未来の教室と学校を標榜する国際連帯を求めている。

〈初出〉『総合教育技術』２０２１年４月号〜２０２２年冬号
第一部最終章、第二部全体、第三部最終章は書き下ろし

あとがき

本書は２０２１年４月から２０２２年12月まで『総合教育技術』に掲載した連載10本に、２０２３年４月に書き下ろした論稿10本を加えて編集した。『総合教育技術』誌は、２０２２年12月発売号を最後に紙媒体からＷＥＢ誌へ移行した。『総合教育技術』は、戦後直後から教育総合雑誌の中心であった。私は２０００年から23年間同誌に連載を行い、２００篇を超える論稿を執筆する機会に恵まれ、これまで７冊の単行本にまとめて公刊してきた。これまで執筆を支え単行本編集に携わってくださった編集者の方々、毎回の連載をお読みいただいた読者の方々に心から御礼を申し上げたい。それらの連載で私が企図したことは、学校現場において教師たちが授業と学びの改革をどう推進し、どのような困難と格闘しているかをリアルに描き出すことだった。その報告の場を失ったことは寂しい。

本書に掲載した論稿を執筆した時期の学校は、新型コロナ対応の学びの規制に苦しみ、働き方改革に追われ、激増する不登校と精神的危機に陥った子どもたちへの対応を迫られていた。思い起こせば２０２０年１月、新型コロナが勃発した時、収束に３年はかかること、学校は閉鎖され協同の学びは規制され、公開研究会も行えなくなるなかで、学びの共同体の改革は、手も足ももぎとられて決定的ダメージを受けると予想し、ゼロからの再スタートを覚悟していた。その逆境のなかで、子どもたちと教師たちの幸福（wellbeing）を実現するにはどうすればいいのか。ほとんど絶望的な思いにかられていた。

しかし、現実は私の予想とは逆方向に進展した。新型コロナ下で、学びの共同体の改革は国内においても国外においても、いっそう拡大し進展したのである。新型コロナが収束しても、もとの社会に戻ることはありえない。新しい社会、新しい教育、新しい学校、新しい教室を創造しなければならない。新型コロナ下における改革の拡大と前進は、その新しい学校、新しい教室が創造的に模索されたことを示している。２０２０年７月以降、私はほぼ毎日、各地の学校を訪問して教師たちを支援し続け、２０２２年９月以降は毎月２回のペースで海外の学校も訪問して改革を支援してきた。本書は、その経験にもとづいて学校現場で模索されている「未来の学校」と「未来の教室」の姿を叙述し、その改革を支える基本理論を提示した。

本書の論稿は、最後の勤務先である学習院大学を退職し、学びの共同体の改革に専念した時期に執筆している。この年になって、子どもから学び教師から学び学校と教室の現実から学び続けたことの幸運をかみしめている。学校の改革も授業の改革も学びの改革も、絶望的なほどの至難の事業だが、その苦闘の経験が私の思索と研究を鍛え、子どもたちの学びと教師たちの成長が、私の手探りの歩みを支え続けてくれている。教師たちと手を携えて改革に挑戦し、子どもたちの学びの姿に希望を見出して教育学の研究を続けてきた幸福を想わずにはいられない。私の出会ったすべての子どもたちと教師たちに深く感謝したい。

本書も小学館編集者の小笠原喜一さんの協力で出版することができた。退職前の多忙な時期に、本書の刊行に尽力してくださった小笠原さんに感謝の言葉を記したい。

教室の未来、学校の未来は、外にあるのではなく、現在の教室と学校の内側で胚胎し芽をふかせている。本書を手引きとして、その未来像を読者の方々がそれぞれの教室と学校で探り出していただければ幸いである。

２０２３年5月

著者

著者紹介

佐藤 学

1951 年広島県生まれ。教育学博士、東京大学名誉教授。三重大学教育学部助教授、東京大学教育学部助教授、東京大学大学院教育学研究科教授、学習院大学文学部教授を経て現職。アメリカ教育学会名誉会員、全米教育アカデミー会員。日本教育学会元会長、日本学術会議第一部元部長。

〈主な著書〉

『教師花伝書―専門家として成長するために』『学校見聞録―学びの共同体の実践』『学び合う教室・育ち合う学校～学びの共同体の改革』『学びの共同体の挑戦―改革の現在』『学びの共同体の創造―探究と協同へ―』（以上　小学館）『カリキュラムの批評―公共性の再構築へ』『教師というアポリア―反省的実践へ』『学びの快楽―ダイアローグへ』（以上 世織書房）『教育方法学』『専門家として教師を育てる』『第四次産業革命と教育の未来』（以上　岩波書店）『学校改革の哲学』（東京大学出版会）ほか、多数。

教室と学校の未来へ

―学びのイノベーション―

2023 年 7 月 25 日　初版第 1 刷発行

著者　佐藤　学

発行人　杉本 隆
発行所　株式会社　小学館
〒 101-8001 東京都千代田区一ツ橋 2-3-1
電話　編集 03-3230-5548
販売 03-5281-3555
印刷所　萩原印刷株式会社
製本所　株式会社若林製本工場

Printed in Japan　ISBN978-4-09-840231-1
